「語源」を知ればもう迷わない！

大人の語彙力を面白いように使いこなす本

話題の達人倶楽部〔編〕

青春新書
PLAYBOOKS

「語源」を知ることは、日本語に強くなる最良の方法です——はじめに

今、スマホがお手元にあれば、「たって」ということばを変換していただければ幸いです。「立って」「建って」「絶って」「断って」「経って」「裁って」「発って」「足って」など、少なくとも8種類の「たって」が出てくるはずです。

では、これらさまざまな「たって」のうち、「たっての願い」の「たって」は、どれを選べばいいか、おわかりでしょうか？　あなたがもし、このことばの「語源」をご存じであれば、迷うことなく〝正解〟を選択、正しく変換できることでしょう。

というように、語源に関する知識は、単なる雑学にとどまらず、実用的にも大いに役立ちます。私たちが、好評を博しているこの「大人の語彙力」シリーズで、今回「語源」を取り上げたのも、そうした狙いからです。

私たちは、語源を知ることは、日本語に強くなる最良、最強、最短の方法と考えています。語源を知れば、ことばの「意味」をより深く、より正確に理解できるようになることは言うまでもなく、「読み方」や「書き方」も間違えなくなるからです。

たとえば、「世間ずれ」ということば。このことばは、間違った意味に使う人が多いことで有名で、文化庁の「国語に関する世論調査」でも、「世の中の考えからはずれている」という間違った意味で使う人が、32・4％にものぼることがわかっています。このことばの由来、少なくとも漢字で「世間擦れ」と書くことを知っていれば、このような恥ずかしい誤用は避けられたことでしょう。

あるいは、「大食漢」や「門外漢」ということばは、「漢」という漢字に「男」という意味があることを知っていれば、女性をこう呼んだりはしないはず。「健啖家」や「専門外」など、より適切なことばを選べることでしょう。

あるいは、NHKなどの放送局では、「他人」は「たにん」と読んでいますが、「他人事」は「たにんごと」ではなく、「ひとごと」と読んでいます。そう読む理由も、このことばの歴史をさかのぼれば、理解できることでしょう。

種明かししますと、このことばは、昔は「人事」と書いたのですが、この書き方では「人事」（じんじ）と読み分けにくいため、「他」を足して書くようになったのです。そのため、「他」は黙字（読まない漢字）となり、昔と同様、「ひとごと」と読むのが正解というわけです。

もちろん、書き方をめぐっても、語源を知れば、「えも言われぬ」の「え」も、「朝っぱら」の「ぱら」も、迷うことなく、漢字で書けるようになるはずです。

念のため、もうひとつ付けくわえておきますと、語源をめぐる話が〝知的に面白い〟ことは言わずもがなでしょう。本書には、名詞、動詞、形容詞、慣用句、ことわざ、カタカナ語、モノの名前などをめぐる、つい人に話したくなる話が溢れています。

というわけで、本書には、日本語に強くなるための〝情報〟と、読んで楽しい〝蘊蓄〟を満載しました。本書で、さまざまなことばのルーツ、いわれ、成り立ちなどを楽しみながら、いよいよ日本語に強い人になっていただければ幸いに思います。

二〇一八年一月

話題の達人倶楽部

大人の語彙力を面白いように使いこなす本＊目次

Step1
日本語を知的に使うカギは語源にあった！ 13

1 日本語は、語源で考えるとよくわかる 14
◉身近なことばも、ルーツを知れば理解できる 14
◉よく聞くことばも、ルーツを知れば納得できる 17
◉難しそうなことばも、ルーツを知れば使いこなせる 19
◉語源を知れば、ディープな意味までわかる[1] 22
◉語源を知れば、ディープな意味までわかる[2] 25
◉語源を知れば、微妙なニュアンスがわかる 27

2 あのことばに、そういう由来があったのか 31
◉語源を知れば、漢字で書けるいろいろなことば 31

Step2
ことばのルーツを知ると、読む・書く・話す力に磨きがかかる！ 35

1 「語源」を知って大人の語彙力を使いこなす 36
◉そう書く理由はなんですか[1] 36
◉そう書く理由はなんですか[2] 39
◉そう書く理由はなんですか[3] 42
◉どうしてその漢字なの？[1] 45

◉どうしてその漢字なの？② 47
◉どうしてその漢字なの？③ 50
◉なぜその漢字は読まないのか——黙字の謎 52
◉語源でわかる！　やってはいけない日本語 54
◉語源でわかる！　微妙な日本語の使い方 57
◉語源を知れば、スラスラ漢字で書けちゃいます① 59
◉語源を知れば、スラスラ漢字で書けちゃいます② 62
◉語源を知れば、スラスラ漢字で書けちゃいます③ 65
◉熟語の語源、これだけは知っておこう① 67
◉熟語の語源、これだけは知っておこう② 69
◉「このことばの意味知ってる」と断言できますか① 72
◉「このことばの意味知ってる」と断言できますか② 76
◉「このことばの意味知ってる」と断言できますか③ 79
◉「このことばの意味知ってる」と断言できますか④ 83
◉「このことばの意味知ってる」と断言できますか⑤ 86
◉語源がわかれば、意味を取り違えない① 88
◉語源がわかれば、意味を取り違えない② 93

2 ことばの語源、ウソのような本当の話 98
◉「歴史と地理」のことば 98
◉「からだ」のことば 100
◉「モノ」にまつわることば 101
◉「人」にまつわることば 104
◉「芸術・芸能」にまつわることば 111
◉どんな行動？　どんな様子？① 112
◉どんな行動？　どんな様子？② 116
◉どんな行動？　どんな様子？③ 119

Step3

どの「漢字」を使うか迷ったときこそ、語源をたどろう 123

1 語源を知れば、もう書き間違えない 124

◉ふだんからよく使われることばの語源① 124
◉ふだんからよく使われることばの語源② 125
◉ふだんからよく使われることばの語源③ 127
◉明治の人がひねり出したことば① 127
◉明治の人がひねり出したことば② 130
◉明治の人がひねり出したことば③ 132
◉蘭学者がひねり出したことば 135
◉大正・昭和の人がひねり出したことば 136

2 語源を知れば、もう迷わない！ 困らない！ 138

◉読めますか？ 使えますか？〈基本1〉 138
◉読めますか？ 使えますか？〈基本2〉 140
◉読めますか？ 使えますか？〈基本3〉 142
◉わかりますか？ 知っていますか？〈応用1〉 143
◉わかりますか？ 知っていますか？〈応用2〉 144
◉わかりますか？ 知っていますか？〈応用3〉 147

Step4

あの日本語、あの言い方、そもそもどこから来たの？ 149

1 語源を知るだけで、スッキリすることば 150

◉実は知らないで使っている日本語 150

◉そのことば、ポジティブ？　ネガティブ？　153
◉ふだん使いの日本語の意外すぎるルーツ①　156
◉ふだん使いの日本語の意外すぎるルーツ②　159
◉あの新語・俗語にそんなルーツがあったんだ！　161
◉昔からあるようで意外に新しいことば　164

2 考えれば考えるほどわからない〝ひらがな〟の謎　166
◉〝謎のひらがな〟が登場することば①　166
◉〝謎のひらがな〟が登場することば②　168
◉〝謎のひらがな〟が登場することば③　170
◉〝謎のひらがな〟が登場することば④　172

Step5 「カタカナ語」の本当のルーツを知っていますか　177

1 あのカタカナ語のルーツに、そんな〝物語〟があったのか　178
◉身近なカタカナ語の意外すぎる語源①　178
◉身近なカタカナ語の意外すぎる語源②　180
◉日本人が知らないカタカナ語の大誤解　183
◉他人に話したくなることばの由来　185

2 〈ジャンル別〉あのカタカナ語の一番いい使い方　189
◉ファッションをめぐることば　189
◉芸術・スポーツのことば　191
◉歴史・地理のことば　196

Step6 ことばの由来がわかれば、「大人の日本語」もこわくない 199

1 由来を知ることで、故事成語はすっきりわかる！ 200

- ニュアンスまで、きちんとおさえたいことば 200
- 語源を知れば自信を持って使えることば① 202
- 語源を知れば自信を持って使えることば② 205
- 語源を知れば自信を持って使えることば③ 209
- そう〝書く理由〟はなんだろう？ 212
- あの〝謎の漢字〟の意味はなんだろう？ 215
- ていねいに意味をおさえたい慣用句① 218
- ていねいに意味をおさえたい慣用句② 222
- ていねいに意味をおさえたい慣用句③ 226

2 歴史と伝統の中で生まれたことば 229

- さりげなく使いたい教養の故事成語① 229
- さりげなく使いたい教養の故事成語② 232
- なにげなく使うと、一目置かれる故事成語① 234
- なにげなく使うと、一目置かれる故事成語② 237
- いつでも出せるようにしておきたい故事成語 239
- 大人ならより深く知っておきたい日本のことわざ① 244
- 大人ならより深く知っておきたい日本のことわざ② 246

Step7

語彙力のある人は、「モノの名前」を語源で覚える 249

1 生き物の名前のルーツ 250

◉あの動物の名前、なぜそう書くの？ 1 250
◉あの動物の名前、なぜそう書くの？ 2 252
◉考えてみればかなり気になる動物の名前の話 1 253
◉考えてみればかなり気になる動物の名前の話 2 256
◉語源で読み解く海の生き物の名前 1 258
◉語源で読み解く海の生き物の名前 2 261
◉あの植物の名前、なぜそう書くの？ 263
◉知的な大人は植物の名前を知っている 1 267
◉知的な大人は植物の名前を知っている 2 269

2 「食」をめぐる名前のルーツ 272

◉あの食べ物の名前、どうしてそう書くの？ 272
◉「食」の語彙が増えれば、もっと美味しい！　もっと楽しい！ 1 274
◉「食」の語彙が増えれば、もっと美味しい！　もっと楽しい！ 2 277
◉「食」の語彙が増えれば、もっと美味しい！　もっと楽しい！ 3 280

カバーイラスト■©iStock.com /sorbetto
DTP■フジマックオフィス

Step1

日本語を知的に使う
カギは語源にあった！

1 日本語は、語源で考えるとよくわかる

◉身近なことばも、ルーツを知れば理解できる

□**標榜《ひょうぼう》する**　「標」「榜」って、どういう意味？

昔の中国では、札に書き記して掲げ、大勢の人に知らせることを「標榜」といった。やがて、このことばには、現在のような主義、主張を掲げ示すという意味が生じた。なお、「標」には「しるし」、「榜」には「たてふだ」という訓読みがある。

□**市井《しせい》**　なぜ〝井戸〟が出てくるのか？

「市井」は、世の中や巷《ちまた》という意味。この書き方は、かつては「井戸」（水の湧くところ）のまわりに人が集まり、やがてそこに「市」ができたことに由来する。

□小腹《こばら》が減る　この「小」の意味は？

小さい腹という意味ではなく、この「小」は少し、ちょっとという意味の接頭語で、「少し腹が減った」という意味になる。「小耳に挟む」「小股が切れ上がる」など、「小」は体に関係する成句に接頭語としてつくことがよくある。

□中毒　なぜ「中」なのか？

「中る」と書いて「あたる」と読み、「中毒」は文字どおり「毒に中《あた》る」こと。湯あたり、暑気あたり、食あたりも「当たり」ではなく、「中り」を使って「湯中り」などと書く。

□えも言われぬ　この「えも」を漢字で書けますか？

「得も」と書き、否定語を伴って「とても〜できない」という意味になる。「得も言われぬ」は、「とてもことばで表現することはできない」という意味。

□名残《なごり》　「名前が残る」と書くのは？

「なごり」は「波残り」が変化したことば。「波残り」は、波が引いた後に残った海藻や海水を意味し、そこから物事が過ぎ去った後の余韻を表すようになった。中世以降、「名残」と当て字されて「名残惜しい」などのことばが派生した。

□こくがある　「こく」を漢字でどう書くか？

「こくがある」は、味に深みがあることの形容。この「こく」、「濃く」と書くという説を採用する辞書が多いのだが、「酷」「極」をとる辞書もある。というわけで、今はひらがなで「こくがある」と書くのが普通。

□中傷する　どんな傷のことでしょう？

このことばの意味は、根拠のないことを言いふらし、人の名誉を傷つけること。〝中の傷〟と書くのは、人と人の間を傷つけるためとみられる。人を中傷すれば、相手を傷つけるだけではなく、相手と自分の関係も傷つくことから。

◉よく聞くことばも、ルーツを知れば納得できる

□とうの昔

この「とう」、漢字ではどう書くでしょう？

「疾うの昔」と書く。「疾《と》し」は時の進み方が速いことで、その連用形の「とく」が変化して「とう」になった。「とうに」「とうから」の「とう」も、この「疾う」。「とっくに」も、「疾し」の変化形に、格助詞の「に」がついて、ずっと前にという意味になった。

□てんから

「てん」って何のこと？

「最初から」「頭から」という意味で、もとは「天から」と書いた。「てんでダメ」の「てんで」も、同源のことばとみられる。

□九死に一生を得る

死にそうになったのは、結局、何回？

このことばは、九回も死にそうになったという意味ではない。「九死」は確率としての

九割の死、「一生」は一割の生という意味で、九割方は命を落としそうな危険な状況から、奇跡的に生還することを意味する。だから、死にそうになるのは一回だけだ。

□豚に真珠　このことばの意外な出典とは？

この語の出典は『新約聖書』。「マタイによる福音書」七章には、「真珠を豚に投げてやるな。恐らく彼らはそれらを足で踏みつけ、向きなおってあなたがたにかみついてくるだろう」とある。豚は愚かな動物の代表として、聖書に登場しているわけである。

□たっての願い　「立って」「絶って」「建って」「断って」のどれでしょう？

このことば、漢字では「断っての願い」と書き、「断っての願いを聞いてくれ」などと使う（あて字では「達ての願い」とも書く）。万難を「断って」でも、お願いしたいという意味だ。「たって」は、少なくとも8種類には変換されることばなので、選択にはご注意のほど。

□**遠くて近きは男女の仲**　誰のことばでしょう？（ヒント・千年近く前の女性）
男女の仲は、遠いようでも、きっかけがあると一気に深くなるという意味。このことばの生みの親は、清少納言。『枕草子』に「遠くて近きもの、極楽。舟の道。人（男女）の中」とある。

◉難しそうなことばも、ルーツを知れば使いこなせる

□**辟易《へきえき》する**　なぜこれで「うんざりする」という意味になった？
「辟」には「避ける」、「易」には「変える」という意味があり、辟易の原義は、相手を避けて道を変えること。そこから、相手の勢いなどに対して、対応の仕様がなく、うんざりするという意味になった。

□**二の句が継げない**　「二の句」ってどんな句のこと？
漢詩や和歌の朗詠では、初めの区切りまでを「一の句」、次の区切りまでを「二の句」

と呼ぶ。朗詠する際、一の句から二の句に移るときに音が高くなり、二の句がうまく詠めなくなることがあった。そこから、「二の句が継げない」ということばが生まれ、驚き呆れて次のことばが出てこないことを意味するようになった。

□度量衡《どりょうこう》　そもそも何の単位？

「度」は長さを表す単位、「量」は容積を表す単位、「衡」は重さを表す単位で、「度量衡」は3つの基本単位の総称。なお、「度量」は、もとは長さと容積の単位のことだが、やがて「度量が広い」（心が広いという意味）など、人格の〝サイズ〟を表すことばとしても使われるようになった。

□五十三次　この「次」は、二次、三次の「次」ではない

東海道五十三次などと使われる「次」には、「やど」「やどる」という意味がある。古代中国では、軍隊が宿営するときに使われた漢字で、日本ではそれが宿、宿場という意味になった。

□**青史**《せいし》　なぜ青いのか？

「青史」は、歴史、記録のことで、「青」の字を使うのは、まだ紙がなかった時代、竹簡に書き記したことに由来する。つまり、「青竹に書いた歴史」という意味。

□**子午線**《しごせん》　反対語の「卯酉線」ってご存じ？

「子午」は、十二支の「子《ね》」と「午《うま》」のこと。方角に十二支を当てはめると、北が「子」、南が「午」になるため、南北を結んだ線を「子午線」と呼ぶ。一方、東は「卯《う》」、西は「酉《とり》」に当たるため、東西の線は「卯酉線」（ぼうゆうせん）と音読みにするというが、一発では変換されないくらい、知られていないことば。

□**話の腰を折る**　もとは、何の「腰」？

和歌で、第三句と第四句がうまく続かない歌を「腰折れ歌」という。「話の腰を折る」は、その「腰」に由来することばで、途中で口出しをし、人の話をさえぎることをいう。

□**観念する**　これで「あきらめる」という意味になるのは？

「観念」はもとは仏教用語で、「観」は対象を観察すること、「念」は心に思うことで、「心の中で、仏陀の姿を念ずる」という意味になる。それが転じて、悟りを得るための「覚悟」という意味が生じ、さらに変化して、あきらめるという意味になった。

□**気色《けしき》ばむ**　「ばむ」って、どういう意味？

「〜ばむ」は「汗ばむ」「黄ばむ」などと使うように、名詞についてその状態が現れるという動詞をつくることば。「気色ばむ」の「気色」は機嫌という意味なので、「ばむ」がつくと、怒った様子が表情や態度に現れるという意味になる。

◉語源を知れば、ディープな意味までわかる①

□**ハンダ**　漢字では「半田」と書くのは？

金属どうしの接続に用いる鉛と錫《すず》の合金。漢字では「半田」と書くのは、福島県の半田銀山産という説が有力。ほかに、マレー諸島のバンダ島の産という説もある。

□千鈞《せんきん》　「千鈞」って、何キロくらい？

「鈞」は古代中国の重量単位で、一鈞は約7・68キログラムだった。だから、「千鈞」は約7680キログラムということになる。「ことばに千鈞の重みがある」などと使うが、それほどに重いわけで、軽々しくは使えない。

□五輪　オリンピックと宮本武蔵の『五輪書』の関係とは？

中国では、オリンピックの音に漢字を当て「奥林匹克」と書く。「五輪」は日本独自の書き方で、戦前の新聞記者、川本信正がつくったことば。川本は1936年、幻の東京大会（1940年開催予定、後に中止）について取材中、五つの輪を連ねたオリンピック旗を見て「五輪大会」ということばをひねり出した。後に、川本は、その直前に読んだ宮本武蔵の『五輪書』に関する雑誌記事にヒントを得たと述懐している。

□留守　「留まり守る」と書くのに、家を空けるという意味になるのは？

古い時代の中国では、「留守」は、王が不在のときに、都に〝留まって国を守る〟役目を意味した。それが「不在」という意味で使われるようになったのは、このことばが日本に入った後の鎌倉時代以降のこと。「留守（家の守り）を頼みますぞ」などと言ううちに、意味の混用が起きて「不在」という意味に逆転したとみられる。

□津波　どういう経緯で、世界に広まった？

tsunamiということばが世界で通用することはよく知られているが、英語に取り入れられたきっかけは、１９４６年にハワイ諸島を襲った津波。ハワイ在住の日系人らのことばを地元紙が取り上げ、それをきっかけに全米、やがて世界に広まった。

□八面六臂《はちめんろっぴ》　顔が8つなら、手は16本のはずだが？

「八面六臂」は、８つの顔（面）と6本の臂（ひじ・手）のことで、多方面で活躍するという意味。江戸時代までは「三面六臂」といい、顔が３つ、手は６本（３×２）で、顔と手の数が対応していたのだが、明治以降、顔だけが8つに増えた。手（臂）を増やさなかったのは、〝八面十六臂〟では語呂が悪かったからだろうか。

◉語源を知れば、ディープな意味までわかる②

□**薄暮**《はくぼ》　薄暗くなるから、薄暮というわけではない

この「薄」は「近づく」という意味で、夕暮れが近づく時間帯のこと。なお、「肉薄」の「薄」にも近づくという意味があり、危険をかえりみることなく、敵に接近するさま。

□**氷雨**《ひさめ》　本来は〝冷たい雨〟という意味ではない

かつてのヒット曲の影響もあるのか、今は「晩秋や初冬に降る冷たい雨」という意味で使われることが多いが、本来は「雹《ひょう》」のこと。雹は初夏に降ることが多いので、俳句では「氷雨」は夏の季語になっている。

□注力《ちゅうりょく》　実は意外に新しいことば

文字どおり、力を注ぐという意味で、1990年代から使われはじめて、定着したことば。比較的、新しいことばを掲載する三省堂の辞書でも、初めて載ったのは1998年版。21世紀に入ってから、日本語として定着したことばといえる。

□旅団《りょだん》　なぜ「旅」なのか？

「旅」という漢字は、旗の下に集まった人々を表している。ただし、その旗は添乗員が掲げる旗ではなく、軍旗。「旅」は古代中国では、500人の軍隊を意味することばだったのだ。現在、旅団といえば陸軍の編成単位のひとつ。

□旅烏《たびがらす》　渡り鳥ではないカラスにたとえるのは？

「旅烏」は、旅から旅へと渡り歩く人のこと。カラスは渡り鳥ではないのだが、それでも「烏」を使うのは、「カラ巣」（巣をカラにする）にかけたシャレという説が有力。

◉語源を知れば、微妙なニュアンスがわかる

□ご挨拶に代えさせていただきます　挨拶したのに「代える」というのは？

挨拶のスピーチを締めくくるとき、「これをもって、ご挨拶に代えさせていただきます」というのは、「私の話は、挨拶と呼べるほど立派ではありませんが、挨拶に代用させていただきました」という意味。つまり自分の話を挨拶と呼ぶには値しないと謙遜することば。

□そこはかとなく　「かすかに」という意味ではない

「そこはかと」は漢字では「其処は彼と」と書き、「そこはこうである」という意味で、はっきりしていること。それが「ない」のだから、「はっきりとはわからない」という意味になる。たとえば、「そこはかとなく聞こえてくる」といえば、「はっきりとはわからないが、どこからともなく、聞こえてくる」という意味。「かすかに」という意味で使うのは、厳密にいうと誤用になる。

□朝っぱら

「ぱら」って何のこと?

「朝腹」が変化した語。「朝、何も食べないでいる腹」という意味で、そこから「朝早く」という意味が生じた。

□いただきます

もとは、神様に向かって言うことば

「いただきます」は、もとは荒神《こうじん》様への感謝を表すことば。荒神様は、かまどに住む神とされる。かまどがなければ、ご飯を炊けないので、米が無事に炊けたことを荒神様に感謝し、「いただきます」というようになった。

□ひとつお願いが

この「ひとつ」には、どんな意味がある?

「ひとつ」は、一つ、二つという数のほかに、「ちょっと」という意味でも使われている。「ひとつよろしく」「ひとつやってみるか」という具合だ。また、「ひと休み」「ひと風呂浴びる」などの「ひと」も、「ちょっと」という意味で使われている。

□超特急で　近ごろあまり聞かなくなった〝昭和語〟

物事を急ぎ、すばやく処理すること。新幹線が「超特急」と呼ばれた時代にはよく使われた〝昭和語〟。今は、死語に近づいている模様。

□毎度あり　「あり」ってどんな意味？

商人がお客にする挨拶。この「あり」は「在る」や「有る」の連用形ではなく、「ありがとうございます」の略。

□黒《くろ》歴史　そもそも誰が言い出した？

現在では成功を収めている人やモノの、まだ有名ではなかった時期の恥ずかしい歴史を意味する新語。機動戦士ガンダムシリーズで、忌まわしい戦争の歴史を「黒歴史」と呼ぶことに由来する。新語は下品、軽薄だとすぐに消えていくものだが、このことばのように適度の重量感があることばは生き残ることが多いもの。

□噛ませ犬　これで「引き立て役」の意味になるのは？

もとは闘犬用語で、犬に自信をつけさせるため、噛まれる役に徹する犬のこと。プロレスラーの長州力の発言によって「引き立て役」の意味で一般に広まった。

□かっ飛ばせ　この「かっ」の意味は？

「かっ」は動詞を強調する接頭語で、「かっさらう」「かっ食らう」「かっぽじる」などと使われる。「かっ」は「掻く」の転とみられ、「掻く」にも動詞を強調する働きがある。「一天にわかに掻き曇る」「掻き出す」「掻き集める」など。

□おかあさん　「かあ」のルーツは「方」

中世の武家では、奥方の館《やかた》が屋敷の北側にあったことから、奥方を「北の方」と呼んだ。やがて、その「方」を使って「おかたさま」と呼ぶようになり、それが変化して「かかさん」「おっかさん」などのことばが生まれ、明治以降、「おかあさん」となった。

2 あのことばに、そういう由来があったのか

◉語源を知れば、漢字で書けるいろいろなことば

□**いととし**　漢字で「いと疾し」と書くのは？

『仰げば尊し』の歌詞には、「思えばいととし、この年月」というフレーズが登場する。この「いととし」を漢字で書くと「いと疾し」で、「いと」は「非常に」、「疾し」は「速い」という意味。というわけで、「思えばいととし」とは、「回想すると、時のたつのはひじょうに早かった」という意味。

□**がたぴしする**　漢字で「我他彼此」と書くのは？

仏語に「我他彼此《がたひし》」ということばがある。「我」と「他」、「彼」と「此」が対立し、い

さかいが絶えないという意味。このことばから、不調和の形容である「がたぴしする」「がたがたする」「がたがくる」などのことばが生まれた。

□にきび 「面皰」とも「丹黍」とも書くのは?

にきびは漢字では「面皰」と書くが、これは当て字で、もとは「丹黍」と書いた。「丹」は「丹塗り」などとも使われるように、「赤」という意味で、「黍」はキビ団子の「キビ」。キビは熟れると、実の先端が赤くなる。顔にできる吹き出物が、その色と形に似ているところから、「丹黍」と書いて「にきび」というようになった。

□降ってわく この「わく」は「湧く」?「沸く」?

「降ってわく」は、「天から降る、地から湧く」を略した語で、物事が突然起きるさまを表し、「降って湧くような話」「降って湧いたような災難」などと使う。なお、「降って沸く」と書くのは、よくある間違い。

□ひっそりかんとする　この「かん」の意味は？

「ひっそりかん」は、静まり返って、もの寂しい様子を意味することば。最後の「かん」に「閑」という漢字を当て、「ひっそり閑」と書くこともある。ただし、この「かん」は「ひっそり」を強調する接尾語で、本来は意味がない。

□はなも引っかけない　「鼻」と書くと間違いになるのは？

この「はな」は鼻水のことで、漢字では「洟」と書く。けいべつして一切相手にしないこと。「鼻も引っかけない」では意味が通らなくなるので注意。

□歯磨き粉　「粉」ではないのに、こういうのは？

歯磨き粉は、江戸時代までは石灰石の粉末などが使われ、粉状だった。現在のような練り状のものが開発されたのは明治時代半ばで、しかもそれが一般にまで広まったのは、戦後のことだ。「粉」だった時代が長かった分、今でも「歯磨き粉」と呼ばれている。

Step2

ことばのルーツを知ると、読む・書く・話す力に磨きがかかる！

◉そう書く理由はなんですか①

□**段取り**　これはどんな「段」のことでしょう?

この「段」は階段の「段」。昔、階段を作るとき、職人が何段の階段にするか、その段数を決める作業を「段取り」と呼んだ。「段取りがいい」と歩きやすい階段ができたところから、「段取り」は物事の手はず一般を意味するようになった。

□**敗北**　負けることと「北」には、どんな関係がある?

「北」という漢字には、逃げる、負けるという意味があり、たとえば「大北」は大敗を意味した。「北」はもともと「背」に由来する漢字で、「背」と同様に、敵に背中を見せる、逃げるという意味をもつようになった。

□岳父《がくふ》　義父を「岳」にたとえるのは？

「岳父」は妻の父のことで、「義父」以上にあらたまった表現。中国に「岳婿山《がくしょざん》」という山があり、この山名では「岳」が「婿」の上にあることから、妻の父を「岳父」と呼ぶようになったという説がある。

□海千山千《うみせんやません》　この二つの「千」が意味していることは？

蛇のような下等な生き物でも、海に千年、山に千年も住むと、龍になるという中国の伝説に由来することば。そこから、世故に長けた経験豊かな人、さらには、多少の悪事も辞さない、したたかな人物を「海千山千」と呼ぶようになった。

□お歴歴《れきれき》　この「歴」は「歴史」という意味ではない

「お歴歴」は、家柄や社会的地位の高い人々を意味することば。「歴」には「明らかに」

という意味があり、由緒が〝明らかな〟家柄など、身分が明らかな人々のことを「お歴歴」という。

□大理石　「大理」って、何のこと？

「大理石」は、彫刻や建築用に使われる石灰石の一種。中国雲南省の大理市で、よくとれることから、この名になった。

□紫煙《しえん》　なぜ紫なのか？

「紫煙」はタバコの煙、今でいう「副流煙」のこと。科学的にいうと、煙の粒子に光が当たると、光の散乱現象（レイリー現象）が起き、青や紫色に見える。かつては「紫煙を燻《くゆ》らす」という慣用表現が使われたが、嫌煙の時代となってほぼ死語化している。

□淡泊《たんぱく》　なぜ、「泊まる」の「泊」なのか？

「淡泊」の「泊」に「泊まる」という意味はなく、「あっさりしている」という意味。

◉そう書く理由はなんですか②

□**拠出《きょしゅつ》** この「拠」には、どんな意味がある？

「拠」の訓読みは「拠《よ》る」で、この意味では「拠出」という熟語の意味は成立しない。それもそのはずで、戦前までは「醵出」と書いたのだが、「金を出しあう」という意味がある「醵」が当用漢字・常用漢字に採用されなかったため、「拠出」という書き方で代用され、それが定着したというわけ。

□**一応** 「一往」と、どちらが正しい？

「一往」がもとの書き方で、「一回往く」という意味から、「ひとまず」「とりあえず」という意が生じた。一方、「一応」は「すべて」を意味する別のことばだったのだが、やがて両者が混同され、「一往」の意味で「一応」と書くのが、今では主流になっている。

□各々《おのおの》　「各」一字でも、「おのおの」と読むのは？

「各」はこれ一字でも「おのおの」と読み、「各々」でも「おのおの」と読む。考えてみれば変な話だが、「各」一字だと「かく」という音読みと区別しにくいため、「各々」という書き方が生まれたとみられる。

□友達　一人だけでも、こういうのは？

「〜達」は、通常は複数のものを表すが、「友達」は一人でも「友達」という。これは、友達の「達」が、複数であることではなく、敬意を表すことばとして使われているから。「達」にはそういう意味もあり、たとえば「公達」は、「平家の公達」など、名家の御曹司などの若者を指すことば。

□憲法　この「憲」の意味は？

国の基本法であるConstitutionを「憲法」と訳したのは、明治時代の法学者の箕作麟祥《みつくりりんしょう》。なお、「憲」には「おきて」という意味がある。

□食傷《しょくしょう》　どんな「傷」か？

「食傷」は、本来は胃にもたれることを意味する。それは、食べ飽きたからでもあり、そこから、同じことを繰り返されて嫌になることを意味するようになった。

□やんごとなし　漢字で書けますか？

そもそもは「止む事無し」で、もとは「そのまま放ってはおけない」という意味。放っておけないのは特別な存在であることから、貴人の形容に使われるようになった。

□殺風景《さっぷうけい》　この「殺」は殺すという意味ではない

景色に趣きがなく、面白みがないこと。この「殺」という漢字に「殺す」という意味はなく、「そこなう」という意味に近い。

◉そう書く理由はなんですか③

□宿題　「家（宿）でするから」という意味ではない

この「宿」は、泊まる宿のことではなく、「前もって」「以前から」という意味。宿願、宿敵、宿命などの「宿」は、この意味で使われている。「宿題」の本来の意味は、詩文の題を前もって出しておき、作らせておくための題という意味。一方、席上で題を出し、すぐに詩文を作らせるときの題は「即題」といった。

□悲願　この「悲」は、悲しみという意味ではない

「悲願」はもとは仏教用語。この「悲」は悲しみではなく、慈悲を意味し、仏が衆生《しゅじょう》を救おうとする慈悲の心を表す。今では意味が変化し、なんとしてでもやり遂げたい願いという意味で使われている。

□**解剖**　「剖」の意味は？
「解剖」は、生物の体を切り開き、内部構造などを調べることで、『解体新書』でも使われていることば。「解」には裂く、「剖」には割るという意味がある。

□**行李**《こうり》　「李」は、もとは役人という意味
中国では「行」は旅行、「李」は役人という意味で、「行李」は、もとは役所から派遣された使者などを指すことばだった。それが転じて、旅の荷物、やがては荷物を入れる箱を意味するようになった。

□**一抹**《いちまつ》　「抹」って、どういう意味？
「抹る」で「する」と読み、「一抹」のもとの意味は、墨などをつけた筆でひとなすりすることだった。そこから「わずか」という意味が生じ、「一抹の不安」「一抹の寂しさ」などと使われている。

□語彙《ごい》　「彙」って、どういう意味？

「彙」は「ハリネズミ」と訓読みし、ハリネズミが体の中心に針を集めるように、何かを集めるという意味がある。このことば、以前は「語い」と〝混ぜ書き〟されることもあったが、それは「彙」が常用漢字外だったから。近年、常用漢字に採用され、晴れて「語彙」と書けるようになった。

□私淑《ししゅく》　「淑」には、どんな意味がある？

「淑い」で「よい」と読み、私淑の「淑」は、よいものに親しむという意味。そして、「私淑」は、師に直接教えを受けるわけではなく、私《ひそ》かに模範として学ぶことを意味し、孟子のことばに由来する。その孟子は、孔子の死から約一世紀後に生まれ、孔子に私淑することから、儒学をおさめた人物。

□横領《おうりょう》　横と書くのは？

人の物を不法に自分のものにすること。もとは「押領」と書いたのだが、それに「横」

の字を当てたのは、横取りというイメージがあるからか。

◉どうしてその漢字なの？①

□**定年**　昔は停年、今は定年と書くのは？

中国の漢籍では「停年」と書かれ、そのことばが、日本でも明治時代以降、退職年齢という意味で使われはじめると、当初は「停年」と書いていた。ところが、その後、法律で「定年」が使われたため、今は「定年」と書くのが一般的になっている。

□**観光**　この「光」は、どんな光？

中国の『易経』の一節「国の光を観る」ということばに由来し、その一節は「国の〝威光〟を観察する」という意味。日本では比較的新しいことばで、大正時代以降、今の意味で使われるようになり、一般化した。

□廊下《ろうか》　「下」と書くのは？

「廊」は、屋根のある通路（今でいう渡り廊下）のこと。それにつく「下」は、屋根の下・内側であるという意味を表していると考えられる。

□度胸　「度」って何のこと？

「度胸」は、物事に動じない気力。この「度」に意味はなく、「ど根性」などと使われる強調の接頭語「ど」に漢字を当てたもの。「度肝を抜く」の「度」も同様。

□青銅《せいどう》　なぜ「青」なのか？

「青銅」は、錫《すず》と銅の合金で、青銅器時代には〝主役〟をつとめた金属。時間がたつと、表面に緑青が生じて、緑青色になることから、「青銅」と名づけられた。

□鼈甲《べっこう》　違う亀の甲羅を使うのに、鼈《スッポン》と書くのは？

「鼈甲」は、ウミガメの一種のタイマイの甲羅から作られる。江戸時代、タイマイを原料とする製品が贅沢品として禁じられたとき、業者が「スッポンの甲羅だ」と言い逃れたことから、「鼈甲」ということばが生まれた。

◉どうしてその漢字なの？②

□雰囲気　「雰」って、どういう意味？

「雰」には「きり」という訓読みがあるくらいで、もやもやと立ち込めるという意味がある。「雰囲気」は和製の漢語で、オランダ語で「空気」を意味することばの訳語として造語された。やがて、今のように「その場の気分」という意味で使われるようになった。

□夕立《ゆうだち》　「立」と書くのは？

この「立」は、自然現象がはっきり立ち現れるという意味で、昔は「月立つ」「秋立つ」などと使われた。だから、「夕立」の字義どおりの意味は、「夕方らしさがはっきり現れる現象」ということ。

□羅針盤《らしんばん》　この「羅」は、どういう意味？

この「羅」には、物事をとらえるという意味がある。「羅針盤」とは、盤上の針の動きをとらえて、方角を知る道具という意味。

□托鉢《たくはつ》　「托」って、どういう意味？

「茶托」などとも使われるように、「托」には、のせるという意味がある。僧侶が手のひらに鉢をのせて、布施を求めて回ったことから。

□竹光《たけみつ》　なぜ「光」なのか？

「竹光」は、竹を刀身にして、刀のように見せかけたもの。兼光、国光、吉光など、名のある刀工の名には「光」の字がつくことが多いことにかけたシャレことば。

□**抹茶**《まっちゃ》　「抹」って、何のこと？

前述したように、「抹る」で「する」と読み、「抹」には粉にするという意味がある。「抹茶」は、粉末にした茶のこと。それに対して、一般の葉は「葉茶」と呼ばれる。

□**楊枝**《ようじ》　「楊」の意味は？

昔は、川楊《カワヤナギ》の枝の先端を噛み砕いて、歯の汚れをとったもの。江戸時代には、枝の先を細かく分け砕いた「房楊枝《ふさようじ》」が商品化されていた。

□**味方**　この「味」は、「あじ」という意味ではない

「みかた」の「み」は敬意を表す接頭語で、古くは「御方」と書いた。「御方」は、天皇の側、つまりは官軍という意味。現在、「味方」と書くのは当て字で、「味」という漢字を使うことに意味はない。

◉どうしてその漢字なの？③

□**正月**　この「正」は「正しい」という意味ではない

「正」には、正しいという意味のほかに、「改める」という意味がある。「正月」は、正しい月ではなく、旧年から新年に〝年が改まる月〟のこと。

□**毛嫌**《けぎら》**い**　なぜ、「毛」が出てくる？

この「毛」は、人毛ではなく、馬の毛。飼い馬は人間の手によって交配させられるが、ときには相手の馬が気に入らないこともある。そんなとき、飼い主らが「毛の色でも気に入らないのだろう」とみたところから、このことばが生まれた。

□**王朝**《おうちょう》　なぜ「朝」の字がつく？

古代の中国では、日の出とともに政務を始めたので、「朝」という漢字に政《まつりごと》を行うという意味が生じた。「王朝」や「朝廷」「朝儀」などに「朝」の字が使われるのは、そのため。

□**漆黒《しっこく》の闇**　なぜ「ウルシ」が出てくる？

「漆」は、塗料のウルシのことで、黒い色をしている。「漆黒」は、その色のように、光沢のある黒色のこと。

□**曙《あけぼの》**　「ぼの」って何のこと？

「曙」は、夜が明けようとする頃。「あけ（明）＋ぼの」の形で、この「ぼの」は「仄《ほの》か」と同源で、光がかすかに差しはじめたという意味がある。つまり、「曙」とは、うっすらとではあるが、光が差し込みはじめた状態を意味する。

◉なぜその漢字は読まないのか──黙字の謎

□和泉《いずみ》　「いずみ」と読むのに「和」は必要?

漢字には「黙字」と呼ばれる〝サイレント漢字〟がある。たとえば、「和泉」の「和」は黙字で、地名でも人名でも「わいずみ」ではなく、「いずみ」と読む。これは、古代には「泉」という地名だったのだが、713年(和銅六年)の詔《みことのり》、いわゆる「好字二字令」で、国名は縁起のいい漢字2文字で表すことになった。その詔に従い、「和」を後で付け足したので、「和泉」と書いて「いずみ」と読むようになったのだ。なお、歌人の和泉式部も「いずみしきぶ」と読む。

□伊達《だて》　なぜ「だて」と読める?

これは、昔は「いだて」と読むこともあったのだが、いつしか「い」の音が抜けて「だて」となった。こうした音が消える変化を「脱音変化」と呼び、「い」は脱音しやすい音の代表格。「抱く」（いだく→だく）、「未だ」（いまだ→まだ）のように、「い」が抜け落ちたことばは少なくない。

□服部《はっとり》　なぜ「はっとり」と読める？

もとは「服」には機織りという意味があり、「服部」は機織りをつかさどる職能集団のことで、「はとりべ」と読んでいた。いつしか「はっとり」と略され、「部」は黙字となった。

□他人事《ひとごと》　語源的に正しい読みは？

もとは「人事」と書いていたのだが、この書き方では「人事《じんじ》」と読み分けにくいので、後で「他」を足して書くようになった。だから、「他」は黙字で「ひとごと」と読む。〝たにんごと〟と読むのは間違い。

◉語源でわかる！　やってはいけない日本語

□おずおず　漢字で書けますか？

漢字では「怖づ怖づ」と書き、恐れたり、遠慮しながら振る舞うさま。なお、「おめおめ」は「怖め怖め」と書く。こちらは「怖《お》む」を重ねたことばで、「恥であるとはわかっていても」という意味。

□雨もよい　「もよい」を漢字で書けますか？

「雨催い」と書き、「催い」は兆しという意味。「雨催い」は雨になりそうな状態のことなので、雨が降りだしてからの形容には使えない。

□草々　手紙の末尾に「草」が登場するのは？

「草々」のもとの意味は、「あわてる様子」で、粗略なことを詫びることばとして、手紙の末尾に使うようになった。「取り急ぎ、走り書きしました」という意味なので、同様の意味を含む「前略」とセットで使われる。

□落伍《らくご》

この「伍」は「五」とは、まったく意味が違う漢字

「伍」は、古代中国の兵制で、5人一組の単位を意味する。そこから脱落することが「落伍」。また、それがきちんと並んだ隊列を「隊伍」という。

□禁裏《きんり》

宮中、御所を表すことばに「裏」がつくのは？

「裏」には「うら」だけでなく、「うち」という訓読みもあり、「禁裏」は「その内側にみだりに立ち入ることを禁じられた場所」という意味。「禁裡」とも書く。

□大儀《たいぎ》

この「儀」の意味は？

もとは、文字どおり、「重大な儀式」という意味。そのような儀式は、なにかと厄介であることから、面倒という意味が生じ、「大儀に思う」「大儀じゃ」などと使うようにな

った。

□ 潑剌《はつらつ》　「潑」と「剌」の意味は?

「潑」も「剌」も、飛び跳ねるさまを意味する。そこから、「潑剌」は元気溢れるさまを意味するようになった。なお、「剌」は「刺」とは違う漢字なので注意。

□ 規準　「規」と「準」は、あの道具のこと

「規」はコンパス、「準」は水準器のこと。ともに、測量や進む方向を決めるときに使うことから、標準、模範という意味になった。

□ 覿面《てきめん》　「覿」の意味するところは?

「覿」には「見る」という意味があり、「覿面」は、はっきりとした結果が〝目に見える〟ことを意味する。「効果覿面」「天罰覿面」などと使われる。

□**薫陶**《くんとう》　これで「人を育てる」という意味になるのは？

「薫」は香をたきこめることで、香りをしみこませるように、影響を与えること。「陶」は陶器をつくることで、焼き物を成型するように、人間形成するという意味。そこから、「薫陶」は、徳によって人を感化し、育てるという意味になった。今は、「薫陶を受ける」と受け身の形で使うことが多い。

◉語源でわかる！　微妙な日本語の使い方

□**五月晴れ**《さつきばれ》　今と昔では、まったくニュアンスが違うことば

「五月晴れ」というと、今は、5月の見事に晴れ渡った空を意味するが、江戸時代までの陰暦の5月は今の6月にあたり、梅雨の時期。そのため、「五月晴れ」は、梅雨の合間に、まれに晴れることを意味することばだった。また、「五月雨《さみだれ》」も梅雨と関係し、その時期の長雨を指すことばだった。

□交番　いつから「警官の詰め所」という意味に？

中国では、「交番」は、単に交替しながら、任務につく番（係）のことだった。日本では明治以降、そのことばを借りて「警官の詰め所」という意味で使うようになった。

□もののけ　「物の怪」の「物」って何？

人に災いをもたらす死霊や生霊のこと。漢字では「物の怪」と書き、この「物」は「魂」を意味する。昔は、あらゆるものに霊魂が宿ると考えられていたため、「物」と「魂」は、ほぼ同義にも使われていたのである。

□暗転《あんてん》　dark changeから「暗転」に

明治時代、西洋演劇を導入する際、英語のdark changeの訳語として「暗転」が使われるようになった。演劇用語の「暗転」は、幕は下ろさないまま、舞台が暗くなること。それが、一般社会では「事態が悪くなる」という意味で使われている。

□**点心**　「点」とは？　「心」とは？

中華料理の一口料理や菓子のこと。もとは、中国の禅寺で、空腹のときに少しだけ食べる食事を意味した。「点」は少し、「心」は腹（空腹）という意味。

◉語源を知れば、スラスラ漢字で書けちゃいます①

□**どだい**（無理な話）　漢字では、どう書く？

「土台」と書く。「土で築いた台」であることから、物事の根本という意味が生じ、やがて「元来」「そもそも」という意味の副詞として使われるようになった。

□**せいぜい**　漢字で書けますか？

漢字では「精精」「精々」と書き、本来は精一杯、力のかぎりという意味。今は、「せいぜい1万円もあれば」など、上限、限界を表す意味で使われている。そのため、人に対して「せいぜい、頑張ってください」というと、失礼な語感が生じるようになっている。

□**うそ寒い**　この「うそ」を漢字で書くと?

「嘘」ではなく「薄」と書く。「うっすら寒い」という意味。かつては、この意味の「うそ」がつく形容詞がよく使われ、「うそ甘い」はほんのり甘い、「うそさびしい」はどことなくさびしいという意味。

□**とびきり**　漢字で書くと?

「飛び切り」と書く。この語は、もとは剣術で、高く飛び上がりながら、斬る技のこと。目をみはるような大業であることから、人並はずれたすばらしい様子を意味するようになった。

□**はしたない**　「はした」って何のこと?

「はしたない」の「ない」は、形容詞をつくる助動詞で、否定の意味はない。半端《はした》であることは、中途半端で収まりが悪いことから、見苦しいという意味が生じた。

□しっぺい返し

「しっぺい」を漢字で書けますか？

漢字では「竹箆」と書く。禅寺で座禅を組むとき、邪念を払うために、禅僧が座禅者の背中をバシッと叩く例の杖のことだ。その竹箆を使ったことばが、ある仕打ちに対して仕返しすることを意味するのは、仏教思想の因果応報が関係しているという見方もある。

□しのつく雨

「しのつく」を漢字で書くと？

「しのつく雨」は、大粒で勢いよく降ってくる雨のこと。漢字で書くと「篠突く雨」で、篠竹（細い竹）が地面に突き立つような勢いで降ってくる雨という意味。

□ずた袋

「ずた」を漢字で書けますか？

漢字では「頭陀袋」と書く。「頭陀」は仏教修行中の旅僧のことで、その僧（頭陀）が首から下げていたのが「頭陀袋」だった。仏教修行の要諦は欲望を捨てることであり、持ち物は頭陀袋ひとつで十分というわけだ。

◉語源を知れば、スラスラ漢字で書けちゃいます②

□古事記《こじき》、日本書紀《にほんしょき》

「記」と「紀」の意味の違いは?

「記」にも「紀」にも、「しるす」「記録する」という意味がある。ただし、その方法に違いがあり、「記」は単に事柄を書きとめたものという意味。一方、「紀」は順序立てて書き記したという意味で、つまりは正統な「史書」であるという意味が含まれている。

□ごたくを並べる

「ごたく」を漢字で書くと?

「御託」と書き、「御託宣」を略したことば。昔の人は、祈ると、神が人間の体に乗り移り、お告げをしてくれるものと考えていた。それが「御託宣」だが、信仰心の薄い者にとっては、神のことばも長いだけのつまらないことばに思える。そこから、くどくどと述べたてるということを「御託を並べる」というようになった。

□こぶしを回す　「こぶし」を漢字で書けますか？

演歌の「こぶし」は、漢字では「小節」と書く。演歌は、ド・レ・ミ・ソ・ラの五音だけで構成されているので、メロディーに変化をつけるためには、小節を回して、音程に小さな変化をつけることが必要なのだ。

□かやくご飯　「かやく」を漢字で書けますか？

漢字では「加薬ご飯」と書く。「加薬」は、もとは漢方薬を飲むときに、吸収をよくするために用いた補助薬のこと。そこから、主役の米を引き立たせる食材を「加薬」というようになり、それを加えた炊き込みご飯を「加薬ご飯」と呼ぶようになった。

□にっちもさっちもいかない　「二進も三進も」と書くのは？

身動きのとれなくなる様子。この「にっち」と「さっち」は、算盤《そろばん》用語の「二進」「三進」が変化したことばで、いくら算盤を弾いても、資金繰りがつかない――そんな様子から、このことばは生まれたようだ。

□おこがましい　漢字で「烏滸がましい」と書くのは？

「烏滸」は、昔の中国にあった地名。「猿楽《さるがく》」で有名な土地だったが、烏滸の猿楽は、他の地方よりも描写がくどくて、受けがよくなかったという。そこから、「烏滸がましい」ということばが生まれ、現在のような意味を持つようになったという説がある。

□（喜びも）ひとしお　「一塩」や「一潮」と書くと間違いになるのは？

この「ひとしお」は「一入」と書く。この「入《しお》」は、染物を染料につける回数を意味し、一回つけることを「一入」という。「染料につけると、色鮮やかになる」ことから、「喜びも一入」＝「喜びが引き立つ」という意味のことばが生まれた。

□げんをかつぐ　「げん」って何のこと？

芸能界などでは、ことばをひっくりかえして隠語化することがあるが、この「げんをかつぐ」の「げん」も、そうした逆さことばのひとつ。「縁起」をひっくりかえして「ギエン」。それが詰まって「ゲン」となった。

◉語源を知れば、スラスラ漢字で書けちゃいます③

□自首する　「首」の字が使われるのは？

「首」という漢字には、「述べる」という意味があり、「自首」は「自らの罪を告白する」という意味。

□間《ま》が抜《ぬ》ける　「間抜け」とも関係がある？

この語は、もとは、邦楽や舞踊で、調子がはずれること、テンポがずれること。そこから「手抜かりな」という意味が生じた。「間抜け」とは、そういうことをする人のこと。

□つじつまが合わない　「つじつま」って、何のこと？

漢字では「辻褄」と書き、「辻」は縫い目が十字に合うところ、「褄」は着物の裾の左右の合わせの部分のこと。着物を美しく縫い上げるためには、辻も褄もきちんと合わせる必要がある。そこから、物事の道理が合わないことを「辻褄が合わない」というようになった。

□けれん味がない　　けれん味って、どんな味？

歌舞伎では、本道からはずれた芝居を「外連《けれん》」と呼び、早替わりや宙乗りなどの芸は「外連」とされて、かつては一段下の芝居とみられていた。そこから、正攻法ではないことを「外連」というようになり、逆に「外連味がない」は正統的であることを意味するようになった。

□しょざいない　　漢字で書けますか？

何もすることがなく、退屈なさま。漢字では「所在ない」と書き、居所がないという意味。居所がなければ、時間を有意義に使うことはできない。そこから、手持ち無沙汰で退屈という意味になった。

◉熟語の語源、これだけは知っておこう①

□**大枚**《たいまい》　何の枚数？

「大枚」は多額の金のことで「大枚をはたく」などと使うが、この「枚」は、紙幣の枚数のことではない。昔、中国で、銀塊が餅のような形をしていたところから、餅銀と呼び、その大きなものを「大枚」と呼んでいたのだ。

□**出前**　何の前なのか？

「前」は、「分け前」「割り前」などというように、「分量」という意味でも使われる。「出前」の前はこの意味で、店の外に〝出る分量〟という意味。

□**棒暗記**《ぼうあんき》　この「棒」の意味は？

「棒立ち」「棒を折る」のように、「棒」は形容詞的に使われたときには、「まっすぐに」

「そのまま」という意味を表す。「棒暗記」は、そのまま暗記するという意味。きちんと理解することなく、とにかく丸覚えするというニュアンス。

□覚悟　何から覚めることか？

「覚悟」は、もとは仏教語で、迷いから覚め、真理を悟るという意味。日本に伝わってから、「覚悟を決める」など、悪い結果に備えて心の準備をするという意味が生じた。

□不思議　不可思議とはどう違う？

不思議は不可思議を略したことば。不可思議は「思議す可《べ》からず」という意味で、思いはかることのできない領域、つまりは仏や菩薩の神通力などを表す。それは、人間の知恵の及ばない領域であり、そこから、現在の「不思議」という意味が生じた。

□定番　もともと使いはじめた〝業界〟は？

「定番」は戦後、衣料業界から広まった和製漢語。もとは〝商品番号が固定〟されている商品という意味で、安定した売り上げを見込めるため、商品番号が定まっている商品を意味した。そこから、「お決まりのもの」という意味が生じ、やがてファッション以外の分野でも使われるようになった。

□**局面**　どんな面のこと？

この「局」は、囲碁や将棋の盤を意味し、「局面」は盤の面《おもて》という意味。そこから、勝負の形勢、物事の成り行きという意味が生じた。「結局」「終局」も、この「局」に由来することば。

◉熟語の語源、これだけは知っておこう②

□**鼓吹**《こすい》　鼓は吹けないが？

このことばは、「鼓を打つように、笛を吹くように」という意味で、「相手を元気づけたり、意見を吹き込むこと」を意味するようになった。一方、「鼓舞」は、鼓を打ち、舞をまわせるように奮い立たせるという意味。

□ 無礼講《ぶれいこう》　この反対語をご存じ？

「無礼講」は、礼儀作法にこだわらない宴会のこと。『太平記』に始まることばで、後醍醐天皇らが、北条氏打倒を協議した秘密会合が、敵を油断させるため、「無礼講」を装っていた。反対語は「慇懃講《いんぎんこう》」という。

□ 閑話休題《かんわきゅうだい》　「休題」って何のこと？

閑話休題と書いて「かんわきゅうだい」、あるいは「それはさておき」と読む。「閑話」は無駄話、「休題」は話をやめるという意味。全体で、話を本題に戻すという意味になる。こう告げた後は、話しやめるのではなく、本筋に戻して、話し続けることになる。

□ 旧臘《きゅうろう》　旧年とはどう違う？

「臘」は、生贄を神に捧げた古代中国の祭りのこと。冬至の後に行われたことから、12

月を「臘月」というようになった。だから、「旧臘」は、本来は去年全体ではなく、去年の12月を意味し、「旧臘中はお世話になりました」などと今も使われている。なお、旧臘の「臘」は、蠟燭の「蠟」とは違う漢字なので注意。

□一挙手一投足《いっきょしゅいっとうそく》

「投足」って、どういう意味？

「投足」は足を動かすという意味、「一」はすこしという意味で、「一挙手一投足」は、すこし手を挙げ、すこし足を動かすという意味になる。「一挙手一投足に注目する」といえば、細かな行動・動作にも注目するという意味。

□丁々発止《ちょうちょうはっし》

丁々って何のこと？

「丁々」は鐘の音が響く様子、「発止」はかたいものが当たるさま。その二語が合わさって、激しく音をたてて打ち合うさまを意味する。そこから、「丁々発止のやりとり」など、激しく議論を戦わせるさまの形容に使われている。

□新陳代謝《しんちんたいしゃ》　「陳」と「謝」の意味は？

「陳い」で「ふるい」と読み、陳腐の「陳」にも古いという意味がある。一方、代謝の「謝」は謝るという意味ではなく、「去る」という意味で、去ったものに代わるのが「代謝」。

◉「このことばの意味知ってる」と断言できますか①

□めじろ押し　この「めじろ」は、地名の目白？　それとも鳥のメジロ？

混雑してごった返すことを意味する「めじろ押し」は、鳥のメジロに由来する。メジロには、繁殖期になると群れて枝の上に並び、仲間とおしあう習性がある。その様子を、人が混雑した場所で、おしあいへしあいする様子に見立てたことばだ。

□ひもじい　もとは「ひ文字い」と書いたわけ

「ひもじい」の原形は「ひだるい」で、腹がすいてたまらないことを意味する。やがて、この「ひだるい」が女房詞《ことば》で隠語化されて、「ひ文字」といわれるようになり、さらにそれが形容詞化して「ひもじい」ということばが生まれた。

□磯の鮑《あわび》の片思い　サザエではなく、アワビが出てくるのは？

このことばは、片方が一方的に思いを寄せる恋のこと。片思いのたとえに「鮑」が選ばれたのは、鮑が一枚貝（片貝）だから。そこから、片貝の「片」にひっかけて「片思い」のシンボルとされることになった。

□緑の黒髪　髪なのに「緑」とは、これいかに？

「緑の黒髪」とは、女性のつやつやした黒髪のこと。この「緑」は色のグリーンではなく、若葉や新芽を表している。だから、「緑の黒髪」とは「若葉や新芽のように若々しさを感じさせる黒髪」という意味。

□若い燕《つばめ》　雀ではなく、燕が愛人のシンボルに選ばれたのは？

「若い燕」とは年下の男性の愛人のことで、女性活動家の平塚らいてうが若い愛人をもったことに由来する。大正時代、らいてうらの関係が騒ぎになると、男性は「燕は騒ぎ驚いて飛び去ります」という手紙を書いて去っていった。すると、らいてうは「燕なら春になると帰ってくるでしょう」と返書し、後に二人はらいてうのことばどおり共同生活をはじめた。

□鴨《かも》なんばん

「なんばん」とは何のこと？

「鴨なんばん」は、鴨肉とネギ入りのうどんやそばのこと。昔は大阪の「難波」周辺がネギの産地だったため、ネギのことを「なんば」↓「なんばん」と呼んでいたのだ。

□本日は晴天なり

マイクテストで、こういう理由は？

マイクテストで使う「本日は晴天なり」というフレーズは、アメリカで放送テスト用に使われる「It's fine today」の直訳。英語のこのフレーズには、母音や子音、破裂音などの音が含まれ、テスト用として最適のことばなのだ。むろん、それを日本語に訳すとテスト用のフレーズとしての意味はないわけだが、大正14年、中央気象台（現在の気象庁）

が試験放送で使用して以来、使われ続けてきた。

□いたちごっこ
なぜ、いたちが出てくる？

江戸時代、向き合った二人が相手の手の甲をつねりあいながら、上へ上へと重ねていく「いたちごっこ」という遊びがあった。この遊び、どちらかがやめたというまで終わらないことから、終わりがないさまを「いたちごっこ」というようになった。

□芋《いも》を洗うような混雑
芋と混雑はどんな関係？

昔は、樽の中に芋を詰め込み、棒で突き回しながら、泥を落とした。ひどく混んでいる様子を「芋を洗うような」と表現するのは、芋が樽の中でひしめき合いながら、ぶつかりあう状態を大勢の人出で混雑するさまに見立てたものだ。

□孫《まご》の手
もとは、孫とは何の関係もないことば

背中を掻くときに使う「孫の手」は、もとは「麻姑《まこ》の手」と呼ばれていた。中国の伝説に登場する麻姑という名の仙女は、鋭く長い爪をもち、その爪で掻いてもらうと、ひじょうに気持ちがよかったという。そこから、背中などを掻く棒を「麻姑」と呼ぶようになり、後に日本では、棒の先の形が孫の手のように可愛いところから、「孫の手」というようになった。

◉「このことばの意味知ってる」と断言できますか②

□合点《がってん》
もともと、どんな世界のことば？

「合点」は、もとは短歌や俳句の会で、自分がいいと思う歌や句につける印のこと。人の歌や句をみて、いいと思うものには合点をつけ、劣っている歌や句には合点をつけなかったところから、「合点がいく」「合点がいかない」ということばが生まれた。

□月並《つきなみ》
正岡子規がつくり、夏目漱石が広めたことば

明治時代、俳人の正岡子規は、月例の句会で詠まれているような平凡な句を「月並調」

と批判した。この造語を世間に広めたのは、子規の友人の夏目漱石だった。漱石が小説の中でこの語を使ったことから、「月並」は広まり、今も使われることばとして生き残った。

□とどのつまり

「とど」って何のこと？

この「とど」は、魚のボラの別名。ボラは、成長するにつれて名前が変わる出世魚であり、「ハク」「スバシリ（オボコ）」「イナ」「ボラ」と名前を変え、最後には「トド」と呼ばれるようになる。ボラが最後には「トド」になることから、物事のおしまいを意味する「とどのつまり」ということばが生まれた。

□総花式《そうばなしき》

「総花」ってどんな花のこと？

「総花」はもとは花柳界のことばで、使用人全員に祝儀を与えること。そこから、すべての関係者に恩恵や利益を与えるやり方を「総花式」というようになった。

□望蜀《ぼうしょく》　何を「望」んでいるのか?

ひとつの望みをかなえると、すぐに次の望みをいだくこと。後漢の光武帝が隴《ろう》の国を平定するとすぐに、より広い国の〝蜀を望んだ〟という故事に由来することば。

□ろれつが回らない　音楽用語だった「呂律」

「ろれつ」は漢字では「呂律」と書き、もとは雅楽の音階のこと。雅楽を合奏するとき、「呂」と「律」の音階がうまく合わないことを、「呂律がまわらない」といい、やがて話し方がおかしいという意味に使われるようになった。

□がらんとする　「がらん」とは寺院の伽藍《がらん》のこと

寺院は、大勢の人が集まれるように、天井を高く、中を広々とつくってあるもの。そこから、建物の中が広々としている様子を、寺院の別名の「伽藍」を用いて「伽藍としている」というようになった。

□**昔とった杵柄《きねづか》**　もとは餅をつく腕前のこと

「杵」は、餅をつく道具。餅をつくには、手慣れた技術が必要だが、その技術は一度身につけると、簡単には忘れない。そこから、しばらく間があいても、衰えない腕前のことを「昔とった杵柄」というようになった。

◉「このことばの意味知ってる」と断言できますか③

□**大風呂敷《おおぶろしき》を広げる**　大きな風呂敷を使った場所は？

昔の銭湯では、脱いだ衣服を大きな風呂敷に包んでおくものだった。裕福な人は、銭湯に行くときも荷物が多くなり、風呂敷も大きかったのだろう。そうした銭湯の風景から、「大風呂敷を広げる」では、大きなことをいうという意味になった。

□**けんもほろろ**　もともと何のこと？

このことばは、鳥のキジの鳴き声に由来する。キジの鳴き声は、けっして美しくはなく、むしろ耳障りに聞こえる。そんなキジの鳴き声を表したことばが「つっけんどんな態度」を意味するようになった。

□芋《いも》づる式　この芋の種類は?

明治維新後、西郷隆盛や大久保利通らに続いて、大勢の薩摩藩出身者がまさしく〝芋づる式〟に官職についていった。というわけで、この芋は薩摩の特産品のさつまいものこと。明治維新後、江戸っ子たちが薩摩藩出身の栄達者を皮肉ったことから広まったことばだ。

□梨園《りえん》　梨と歌舞伎にはどんな関係がある?

唐の時代、宮中に俳優の養成所が設けられ、そこが梨の園に囲まれていたところから、演技を習う場を「梨園」と呼ぶようになった。やがて、「梨園」は演劇界を総称することばになり、日本ではおもに歌舞伎界をさすことばとして使われてきた。

□突拍子《とっぴょうし》もない

「突拍子」って、どんなもの？

雅楽の「今様歌《いまようう た》」に由来する。今様歌には、音階が一気に上がったり、下がったりして、聞く人を驚かせる部分があった。それが「突拍子」で、そこから人を驚かせるような常識はずれの行動などを「突拍子もない」と形容するようになった。

□揺籃《ようらん》の地

「揺籃」って何のこと？

「揺籃の地」は、物事が発生し、発展した場所。「籃」には「かご」という訓読みがあり、「揺籃」はゆりかごのこと。赤ん坊用のゆりかごのように、物事を育てる場所という意味。

□鹿島立《かしまだ》ち

これで、「旅に出る」という意味になるのは？

このことばは、その昔、天孫降臨に先立って、鹿島の神と香取《かとり》の神が下界へ降りて、国土を平定したという建国神話に由来する。その話にならって、旅の門出を「鹿島立ち」というようになった。

□惻隠《そくいん》の情《じょう》　どんな感情のこと？

「惻」にも「隠」にも「あわれむ」という意味があり、「惻隠」は人をあわれみ、かわいそうに思うこと。『孟子』によると、人間は「惻隠」や善悪の分別をする「是非」など、四つの感情をもつという。それが、孟子の「性善説」の根拠になっている。

□お休みなさい　自分が寝るのに、命令しているようにいうのは？

もとは「ごゆっくりお休みなさいませ」と、寝る人に対する挨拶。やがて「ごゆるりとお休みなさいませ」と声をかけ合ううち、「お休みなさい」と略された。

□鵺《ぬえ》のような　どんな人・態度のことか？

「鵺」は、頭は猿、胴体は狸、手足は虎、尾は蛇のような伝説上の怪物。そんな怪物の正体をつかむことができないことから、得体が知れない人物のことを「鵺のような」や「鵺的《ぬえてき》」と表現するようになった。

◉「このことばの意味知ってる」と断言できますか④

□いぎたない

「いじきたない」とはどう違うのか？

「いじきたない」（意地汚い）は、みっともない食べ方を形容することば。一方、「いぎたない」は「寝穢い」と書き、もともとは眠りこけて、なかなか目を覚まさないという意味。そこから、寝姿がだらしないとか、寝相が悪いという意味でも使われるようになった。

□あられもない

「あられ」って何のこと？

「あられもない」は、文法的には「ある＋れる＋ない」で、動詞の「ある」に、可能の助動詞の「れる」がついた「あられ」に、否定の「ない」がついた形。もとの意味は「あるべきではない」ということで、おもに女性の下品で露骨な姿の形容に使われるようになった。

□のっぴきならない　「のっぴき」って何のこと？

漢字で書くと「退引ならない」で、退くことも引くこともできないという意味。そこから、「避けられない」という意味になり、「のっぴきならない用事がありまして」など、断りや弁解用のフレーズとして使われている。

□きな臭い　語源的には、どんな臭い？

この「きな」は衣のことで、そこから、布や木材などが燃えて、火事が起こりそうなときの臭いを「きな臭い」というようになった。今は、戦争など物騒なことが起きそうな気配を表すことばとして使われている。

□渋皮《しぶかわ》がむける　「一皮むける」とどう違う？

この「渋皮」は栗の皮のこと。栗は、渋皮をむくと、つるつるとした実が現れることから、「垢抜ける」という意味が生じた。なお、このことばを性格や人格がより大人っぽくなるということばに使うのは誤用。そちらは「一皮むける」。

□**登竜門**《とうりゅうもん》　その反対語をご存じ？

「登竜門」は、立身出世するための関門。中国・黄河流域の「竜門」の急流を登った魚は、竜に変わるという言い伝えに由来するという話はよく知られている。では、登りきれなかった魚は、どうなるかご存じだろうか？　そうした魚は、飛び跳ねても岩に額をぶつけるばかりで、額に傷を負って戻ることになる。そこから、生まれたことばが「点額《てんがく》」（額を傷つけること）で、この語には「試験に落第する」という意味がある。

□**四六時中**《しろくじちゅう》　江戸時代までは「二六時中」だった理由は？

「四六時中」は、1日が24時間になってからのことば。4×6で24というわけだ。江戸時代までは、昼と夜をそれぞれ6等分し、暮れ六つ、明け六つなど、「十二刻」で表していたので、「二六時中」と呼ばれていた。2×6で12というわけ。

□**早生まれ**　学年の中では、遅く生まれる人のことだが？

この「早」は、1～12月の「1年」のうちでは、1～3月という「早い時期」に生まれたという意味。ところが、学校の「年度」は4月～翌年3月であるため、その「学年」の生徒のなかでは、遅く生まれた子供を意味することになったのだ。

□**慌てふためく**　「ふためく」って、どういう意味？

古語には「ふためく」という動詞があった。鳥が羽をばたばたするのを「ふたふた」といい、それに接尾語の「～めく」がついて動詞化し、「ふためく」となった。意味は「慌てる」と同じ。

◉「このことばの意味知ってる」と断言できますか⑤

□**二十歳**《はたち》　これで「はたち」と読むのは？

「はたち」は「はた＋ち」の形で、前半の「はた」は「果て」が変化した語とみられる。

それが20を意味するのは、両手両足の指を使って数えると、20で終わり（果て）となるからだ。一方、後半の「ち」は、一つ、二つの「つ」と同様、数字につく接尾語。

□落ち度　昔は、関所を抜ける罪のことだった⁉

ワープロソフトでは「おちど」と打つと「越度」とも変換される。これが本来の書き方で、「関所を通らないで、間道を通る罪」を意味した。それが「過ち」という意味に広がり、やがて「落ち度」とも書かれるようになった。

□化《ば》けの皮《かわ》をはがす　「化けの皮を現す」と、どちらが正しい？

戦前までは「化けの皮を現す」が主流だった。ところが、戦後、「化けの皮をはがす」というようになり、辞書にもこちらの形で載るようになっている。戦前までは、表面の皮が現れるだけで、相手の正体がわかるとしたのだが、戦後はその皮までひんむくようになったというわけだ。

◉語源がわかれば、意味を取り違えない①

□**一部始終**《いちぶしじゅう》　この「一部」は一部分という意味ではない
今でも、本を一部、二部と数えるが、この「一部」は、ひとそろいの書物という意味。「始終」は最初から終わりまでのことで、合わせて、ひとつの話・物語の最初から最後まで、という意味になる。

□**縛**《しば》**り首**《くび》　もとは、首を縛ることではなかった
昔の斬首刑では、罪人を後ろ手に縛り上げて、首を前に出させ、その首を斬り落としていた。「縛り首」とは、その際に、首を落とすため、手を縛ることを意味した。ところが、明治以降、絞首刑が一般的になり、縛り首は首そのものを絞める刑罰を意味するようになった。

□**遅日**《ちじつ》　どんな季節に使えばいい？

春の彼岸を過ぎると、昼が長くなり、日の暮れが遅くなるもの。そのように、ゆっくり過ぎていく日を「遅日」という。暮れそうで暮れない春の空を表すことば。

□**濫觴**《らんしょう》　これで「物事の起こり」という意味になるのは？

「觴」には「さかずき」という訓読みがあり、「濫」はあふれるという意味で、「濫觴」は、大河の長江（揚子江）も、源流をたどれば、杯にあふれる程度の細流に過ぎないという意味。そこから、物事の起源という意味になった。

□**むごい**　このことばを生んだむごすぎる歴史的事件とは？

鎌倉後期、モンゴル軍が日本へ襲来した。いわゆる「元寇」である。対馬は、モンゴル軍に占領され、庶民に至るまで残虐な扱いを受けた。人々は、そうしたモンゴル軍を「ムクリ（蒙古）」と呼んで恐れ、「むごい」は、そのムクリが変化したことばだ。

□布石《ふせき》　「布《ぬの》」とはどんな関係？

将来の事態に備えて、準備をすること。もとは、囲碁の序盤で、先を見越して打つ碁石の配置をいう。この布は「布《し》く」という意味で、「布《ぬの》」とは関係ない。

□なまはげ　恐ろしい形相の鬼をこう呼ぶのは？

「なまはげ」は、秋田県男鹿市などの民俗行事で、鬼の仮面をつけ、各家庭を回り歩く。なまはげの「なま」は「なもみ」に由来し、「なもみ」は囲炉裏に長時間あたると、手足にできる低温火傷のこと。「なもみ」ができるのは、怠けて囲炉裏にあたっているからで、その怠けぶりを懲らしめる鬼が「なまはげ」なのだ。

□牛耳《ぎゅうじ》る　「牛」の「耳」でどうして「牛耳る」？

中国の春秋戦国時代、各国は同盟を結ぶ際に、その証として牛の耳を割き、血をすすり合った。そして、同盟の中心となる人物が、牛の耳を執《と》り、盟主となった。そこから「牛耳を執る」（盟主になるという意）ということばが生まれ、日本に渡った後、大正時代の学生たちが、その成句を短縮して「牛耳る」ということばを生みだした。

□**立往生**《たちおうじょう》　誰の話から生まれたことば？

立ったままで、何もできないこと。「弁慶の立ち往生」の話に由来する。武蔵坊弁慶は、義経に従って奥州に逃れ、衣川《ころもがわ》の戦いで、義経を守るために敵前に立ちはだかり、仁王立ちのまま、討ち死にした。この話から、進退きわまることを「立往生」というようになった。

□**修羅場**《しゅらば》　インドの神様「阿修羅」との関係は？

「修羅」は、阿修羅の略。阿修羅はもとはインドの神であり、その本質的な性格が「戦いの神」であることから、「修羅場」は激しい戦闘の場を意味する語になった。

□**拝啓**《はいけい》　どれくらい丁寧なことばなのか？

「啓」とは「口を開く」という意味で、「拝」は敬意を表すために添える文字。合わせて、

「謹んで申し上げます」という意味になる。というわけで、「謹啓」と、ほぼ同レベルの尊敬の意を含んでいることになる。

□駄賃《だちん》　もともとは、何のためのお金?

「駄」は牛馬で運ぶ荷物のことで、「駄賃」はその運賃。そこから転じて「ちょっとした仕事を頼んだときの賃金」という意味が生じた。今は「お駄賃」という形でよく使う。

□ふて腐《くさ》れる　「腐る」こととは、どんな関係?

「真面目腐る」「いばり腐る」など、「腐る」は相手の行動を否定的に表すときに接尾語的に使う。「ふて腐れる」は、すねるという意味の「ふてる」に「腐る」がついた語。

□やにわに　漢字で書くと「庭」が出てくるのは?

漢字では「矢庭に」と書き、「矢庭」は矢の飛び交う場所、つまりは戦場を意味する。戦場では、すばやい行動が求められるところから、「即座に」という意味になった。

□**どん底**　この「どん」の意味は？

「どん」は強調の接頭語であり、とくに意味はない。「どん」は、「どん詰まり」「どんけつ」「どんぴしゃり」など俗語っぽいことばの調子をととのえるには欠かせない接頭語。

□**惨め**《みじ》　もとは「見＋じ＋目」

たった三音のことばだが、３つに分解できる。「み」（見）は見ること、「じ」は打ち消しの助動詞、めは「目」で、合わせて「見たくないような目（体験）」となり、そこから、見ていられないほど哀れなさま、という意味が生じた。

◉語源がわかれば、意味を取り違えない②

□**石油**　もとは「石炭油」

日本語では、３字以上の漢語は、じょじょに略され、おさまりのいい2文字の熟語になる傾向がある。このことばは、もとは「石炭油」と呼ばれていたのが、「石油」と〝2文字化〟された。ほかに、電気力は電力、電話機は電話、西洋服は洋服、爆裂弾は爆弾へと、3文字語は短縮されてきた。

□絶倫《ぜつりん》　下半身との関係は？

「絶」は飛び抜けているさま。「倫」には「たぐい」という訓読みがあり、仲間や同類を意味する。そこから、「絶倫」は、仲間に比べて、一段とすぐれているさま。「精力絶倫」という形でよく使われるが、もともとは下半身と関係する意味合いはない。

□要領《ようりょう》　「要」も「領」も大事な場所

もとは「要」は腰、「領」は首を意味する。腰と首が重要な部位であることから、要所という意味が生じ、やがて要所・要点をつかみ、巧みに処理することを「要領がいい」というようになった。

□**通夜《つや》**　どんな「夜」のこと？

もとは「つうや」と読み、単に夜通しという意味。中世からは「つや」と読んで、「寺社に夜通し籠もり、勤行《ごんぎょう》すること」を意味するようになった。今のように、死者を葬る前に亡骸の側で一夜を過ごすという意味になったのは、近世以降のこと。

□**案内**　もともとは机のこと

「案」には「つくえ」という訓読みがあり、「案」のもともとの意味は「机」。やがて、机の上で書くところから「文書」という意味が生じ、「案内」は文書の内容のこと。むろん、文章を書くのは人に知らせるためだから、「案内」に知らせる、教えるという意味が生じることになった。

□**立派**　語源をめぐる二つの説とは？

もとは、僧侶が一派を立てることで、それほどに〝立派〟だという意味。また、別の説では、立論して相手を論破することを意味する仏教語の「立破」に由来し、のちに「立派」に変化したという説もある。

□破天荒《はてんこう》　〝荒っぽい〟という意味は誤用です

もとは「破天荒解」で、「天荒解」は科挙の合格者がいなかった荊州への蔑称だった。やがて、荊州からも合格者が現れ、不名誉を破ったことを「破天荒解」というようになった。というように、もとは、科挙に合格した偉業をたたえることばであり、今も正しい意味は「前例がないこと」だが、その「破」や「荒」という漢字を含む字面から、〝荒っぽい〟という意味に誤用されることが多くなっている。

□華燭《かしょく》　美しいろうそくが結婚披露宴の意味に

飾りを施した灯火や、美しい色のろうそくのこと。「華燭の典」は、そうした華やかな明かりの中で行われる儀式のことであり、今では結婚式、とりわけ結婚披露宴を意味することばとして使われている。

□跋扈《ばっこ》

「扈」を「跋む」とは？

「跋む」で「ふむ」と読み、「踏みにじる」という意味がある。一方、「扈」は、魚を捕るための仕掛け「梁《やな》」のこと。大魚は、〝扈を踏みにじる〟ようにして逃げてしまうことから、大物がわがもの顔に振る舞う様子を表す。

□折檻《せっかん》　もとはまったく違う意味

前漢時代の朱雲は、時の政治を批判し、宮殿から追い出されようとしたとき、檻（手すり）にしがみついて持論を訴えつづけ、ついには檻が折れたという。「折檻」はこの故事から生まれたことば。というわけで、もとは、まったく違う意味だったのだが、今の日本では「体罰を与える」という意味で使われている。

◉「歴史と地理」のことば

□埴輪《はにわ》　「はに」って何のこと？
「埴《はに》」は、粘土のこと。一方、「輪」は、古墳時代、古墳の周囲に焼き物を「輪」のように並べたからという説、あるいは、埴輪を作りはじめた初期には、円筒埴輪が中心だったため、その形に由来するなどの説がある。

□下剋上《げこくじょう》　「剋」の意味は？
「剋つ」で「かつ」と読み、「下剋上」とは「下が上に剋つ」という意味。「剋」が常用漢字外であるため、「下克上」とも書く。

□**亜熱帯**《あねったい》　「亜」は、墓を上から見た形

「亜」には準じるという意味があり、亜熱帯は、熱帯に準じる熱いエリアという意味。なお、「亜」という漢字は、古代の墓を上から見た形で、先祖を祭る次の世代という意味から、「次の」という意味が生じたといわれる。

□**東南アジア**　戦前の辞書にはなかったことば

意外に新しい、戦後生まれのことば。現在、「東南アジア」と呼ばれている地域は、戦前は「仏領インドシナ」などと個別の名で呼ばれ、地域全体を指す呼称はなかった。太平洋戦争中、日本の「大東亜共栄圏」という呼び方に対抗し、米軍などがSoutheast Asia（南東アジア）と呼びはじめた。戦後、そのことばが日本にはいってきて、日本では「東南アジア」と、英語とは東と南がひっくり返って使われるようになった。

◉「からだ」のことば

□**鼓膜《こまく》**　外耳と内耳の境にある薄い膜がなぜ「鼓」なのか？

17世紀後半、長崎でオランダ語通詞《つうじ》をつとめていた本木良意がオランダ語から翻訳したことば。彼は当初、「太鼓膜」と訳したのだが、後に略されて「鼓膜」になった。

□**あんこ型《がた》**　太っていても、甘くはないはずだが？

この「あんこ」は、甘いアンコではなく、魚の鮟鱇《あんこう》のことで、太った力士の体を魚の鮟鱇にたとえたことば。一方、痩せた力士は「ソップ型」と呼ばれる。ソップとはスープのことで、痩せた体つきが、出汁《だし》とりに使う鶏がらを連想させることから。

□**痩《や》せぎす**　「ぎす」って何のこと？

「痩せぎす」は、体がひじょうに痩せていること。この「ぎす」は〝ぎすぎすしている〟という意味とみられる。

□**首をすげかえる**　もとは、何の首？

人形浄瑠璃では、人形の首を胴体にはめ込んだり、他の首に付け替えたりする。そのことに由来することばで、役職者らを辞めさせ、新しい人をその職につかせること。

□**蕁麻疹**《じんましん》　「蕁麻」って、何のこと？

アレルギー疾患の総称。「蕁麻」はイラクサの中国名で、ふれると水ぶくれができることがある。蕁麻に触ったような発疹ができることから、蕁麻疹というようになった。

◉「モノ」にまつわることば

□**だん袋**　「だん」って、何のこと？

布製の大きな袋。昔は、「荷駄」を詰めこんだ袋であり、「駄荷袋」が変化したとみられる。今は、漢字では「段袋」と書くことが多いが、この「段」は当て字。

□**まぐさ**　「ま」って、何のこと？

馬の餌となる草のことで、「馬《ま》のための草」という意味。なお、同じ意味の「かいば」は「飼い葉」と書き、「馬を飼うための草」という意味。

□**鉢巻き《はちまき》**　「鉢」ではなく、「頭」に巻くものだが？

「鉢」は丸みを帯びた容器のこと。人間の頭と形が似ていることから、「頭」という意味が生じ、そこに巻くので「鉢巻き」となった。なお、「鉢合わせ」は、もとは出会い頭に「頭」をぶつけ合うことを意味していたが、後に「思いがけず出会う」という意味が生じた。

□**おかず**　副食のことをこう呼ぶのは？

漢字では「御数」と書き、数々とりそろえる、たくさんある、という意味。だから、一品しか料理のないときに、おかずというのは、いささかおかしいことになる。

□くす玉　「くす」って何のこと？

漢字では「薬玉」と書き、もとは中に薬草を入れて、健康と長寿を願うための道具。日本では、平安時代から、おもに贈答品として用いられていた。

□つるはし　漢字で書けますか？

地面を掘り起こす道具。金属部分の両端が、〝鶴のくちばし〟のように尖り、曲がっていることから、この名がついた。だから、漢字では「鶴嘴」と書く。

□暖簾《のれん》　「暖」を「の」と読むのは？

「暖」は、比較的新しい唐音では「ノン」と読む。それに簾《れん》がついて、ノンレンと読んでいたのが、ノレンに変化したとみられる。

□**蒲団**《ふとん》　蒲《がま》との関係は？

「団」には丸いという意味があり、「蒲団」は古くは蒲の葉を編んでつくった丸い敷物のこと。後世、蒲の葉の代わりに綿が用いられるようになるが、それでも「蒲団」と呼ばれ続け、やがて「布団」とも書かれるようになった。

◉「人」にまつわることば

□**男子**《だんし》　大人でも「子」と書くのは？

男子や女子の「子」は、子供という意味ではなく、「人」という意味を表す接尾語。だから、子供ではなくても、男子、女子と表す。

□**紳士**《しんし》　「紳」の意味は？

「紳」は、もとは一種の〝ファッション用語〟で、「結んだ端を長く垂らす帯」を意味した。その帯は貴人の礼装に使われたことから、やがて〝紳を身につけた人〟という意味で、「紳士」が身分の高い人を表すようになる。後に、英語のジェントルマンの訳語に使われ、「教養や人格を備えた男性」という現在の意味になった。

□曾祖父《そうそふ》　「曾」って、どういう意味？

「曾」には「重ねる」という意味があり、曾祖父、曾祖母、曾孫などの「曾」は、代を重ねるという意味。

□壮年《そうねん》　何歳くらいのこと？

古代中国の『礼記』は、年齢ごとの呼び方を示している。それによると、「弱」は20歳のことで、そこから「弱冠」ということばが生まれた。「壮」は30歳のこと。今、「壮年」というと「働き盛りの年頃」という意味であり、現代の常識では30〜40代を指すとみるのが適当か。なお、『礼記』によると、「老」は70歳のことで、これは現代の常識にも通じる。

□外道《げどう》　内道は仏教のこと

仏教語では、仏教のことを「内道」と呼び、「外道」はその対義語で、「仏教以外の教え」という意味だった。近世以降は「道をはずれた者」をなじることばになった。

□伯楽《はくらく》　名指導者のことをこう呼ぶのは？

「伯楽」は、人の素質を見抜き、能力を引き出す力がある人のこと。古代中国で、馬を見分ける名人が、天馬を司る星の名から「伯楽」と呼ばれたという故事に由来する。

□露払《つゆはら》い　「露」って何の露？

大相撲で横綱が土俵入りする際、先導し、脇に控える力士のこと。古くは蹴鞠《けまり》の用語で、蹴鞠をする場所の木の「露を払う」（落とす）役割の者を意味した。

□素封家《そほうか》　これで、金持ちという意味になるのは？

「封」は領主から与えられる封土、「素」はそれがないことを意味する。中国では、この語は、正式の領土はもたなくても、それと同等の大金持ちを意味した。日本では、無位無官だが、そこそこの資産をもつ、地方の資産家というイメージで使われてきた。

□利口《りこう》　なぜ「口」が出てくる？

「利口」は、中国では文字どおり、「口が達者」という意味だったのだが、やがて「利根《りこん》」（賢いという意味）ということばと混同され、日本では「利口」のほうが「頭がいい」という意味になった。

□息子　「むす」って、何のこと？

「むす」は漢字では「生す」「産す」と書き、生まれる、生じるという意味。それに子がつくと「むすこ（息子）」、女がつくと「むすめ（娘）」になる。

□棟梁《とうりょう》　これで、大工の親方を意味するのは？

もとは、「棟」は建物の棟《むね》のことで、「梁」は建物の梁《はり》のこと。ともに、建物にとって重要な部分であることから、後に「棟梁」は中心的人物を意味するようになり、建築現場では親方を意味することばになった。

□用心棒《ようじんぼう》　なぜ「棒」なのか？

昔、商家や家庭では、泥棒に対する用心のため、木の棒を備え、その棒を「用心棒」と呼んでいた。やがて、博徒たちが腕のたつ浪人侍を雇って、敵対組織から身を守るような場合、身を守ってくれる者のことを「用心棒」と呼ぶようになった。

□物臭《ものぐさ》　とくに「臭う」わけではないが？

不精なこと。「臭い」という字を使うのは当て字で、「物憂し」が名詞化して「ものうさ」、さらにそれが変化した語とみられている。

□申《もう》し子《ご》　誰が誰に、どんなことを〝申した〟？

もとは、「子供を欲しいと願う人が、神仏に願いを申し上げたおかげで、授かった子供」

という意味。それが、現代では「時代の申し子」などと使われている。

□ **瓜実顔《うりざねがお》**　丸い顔か？　長い顔か？

瓜の形のように、やや面長な顔のこと。加えて、色が白く、ややふっくらしているのが瓜実顔の条件で、江戸時代は、それが美人の顔の条件とされていた。昔は、男性にも使われたが、やがて女性に限って使うことばになった。

□ **武骨《ぶこつ》**　「骨」とはどんな関係がある？

もとは「無骨」と書き、この「骨」は物事のコツや作法という意味。その「骨」を心得ていないから、不作法なことを意味する。その後、「素朴」「飾り気がない」というニュアンスが加わり、昔よりはポジティブな意味にも使われるようになっている。

□ **がりがり亡者《もうじゃ》**　「がりがり」って、どういう意味？

「がりがり」は、がりがりと貪《むさぼ》り食べるさまから、貪欲さを表す。「亡者」は、妄執があって成仏できない人のこと。合わせて、「がりがり亡者」は、金にひどく執着する人、自らの利益ばかりを求めるエゴイストを意味する。

□西郷どん　「どん」って何？

「どん」は「殿《どの》」が変化したことばで、敬称用の接尾語。なお、「さん」は「様」が変化したことば。

□ならず者　なぜ「ゴロツキ」の意味に？

漢字では「成らず者」、あるいは「不成者」と書く。もとは、暮らし向きがどうにも「成らない者」という意味で、それが、ごろつきという意味に変化した。

□毒島《ぶすじま》　こう書いて「ぶすじま」と読むのは？

トリカブトの根からつくった毒を「ぶす」と呼ぶ。江戸時代、幕府の命で、今の群馬県でトリカブトが栽培されていたことから、現在でも群馬県には毒島姓が多い。

□**張本人**《ちょうほんにん》　本人の前についている「張」って何？
事件の首謀者。「張」は「張りめぐらせる」、「本」は根本で、「張本」は根本から張りめぐらせる、つまり物事の根本を指す。その語が、やがて悪事に対して使われるようになり、悪事を引き起こした人を「張本人」というようになった。

◉「芸術・芸能」にまつわることば

□**風流**　〝風の流れ〟で、上品で美しいという意味になるのは？
このことばは、本家の中国では、日本とは違う意味で使われていた。「先人の遺風、その流れを受け継ぐ」という意味だったのだ。ところが、日本では、室町時代、茶道や華道が広まるなか、伝統を受け継ぐという意味のほかに、「上品で美しい」という意味が加わった。

□相撲甚句《すもうじんく》　「甚句」って何のこと？

「甚句」は、江戸時代に流行した唄の一種で、今も「相撲甚句」が生き残っている。「甚句」と呼ばれるのは、越後の甚九という人物が始めたという説が有力。ほかに、神に供える歌であることから「神供」、それに「甚句」という漢字を当てたという説がある。

□亀甲文《きっこうもん》　この亀は、どこにでもいる亀ではない

正六角形が連なる模様だが、亀の甲羅をデザイン化したわけではない。亀の姿をした霊獣・玄武《げんぶ》（北の方角を司る神）の姿に由来する。ま、玄武も亀には似ているわけだが。

◉どんな行動？　どんな様子？①

□すんでのこと　「すんで」って何のこと？

「既の」が「すんでの」と変化したとみられる。もう少しのところで、という意味。

□一概《いちがい》に　「概」は、棒の名前

「概」には「とかき」という訓読みがある。「とかき」は「斗掻」とも書いて、米などの量をはかるとき、平らにならす棒を意味する。そこから、「一概」は、ひとならしすることで、そこから「おしなべて」という意味が生じた。

□むろん　「もちろん」とは、どう違う？

いうまでもなく、という意。漢字では「無論」と書き、「論ずること無し」（論ずるまでもない）という意味。「もちろん」も、今は同じ意味で使われているが、漢字では「勿論」と書き、もとは「論ずる勿れ」（論じてはいけない）という、「無論」とは微妙に意味の違うことばだった。

□てんでに　もとは「手に手に」

「手に手に」が変化したことばで、「各自で」という意味。「てんでんばらばら」は、それに「ばらばら」がついて、意味を強調したことば。

□おっつかっつ　なぜ「同じくらい」という意味に?

どちらも同じくらいであること。一説には「乙甲」に由来するという。また、「追い縋《すが》る」が変化したという説もある。

□おしゃま　「ませている」の意味になるのは?

女の子がませているさま。もとは「おっしゃいます」で、それが「おしゃます」↓「おしゃま」と転じたという説がある。

□なけなし　「なけ」ってどういう意味?

「なけ」（無いの未然形の古い形）に、程度がはなはだしいことを表す「なし」がついた形。意味は、まったくないことではなく、「まだ少しは残っている状態」を表すのでご注意のほど。「なけなしの金を差し出す」などと使う。

□**とつおいつ**　「あれこれ迷う」の意味になるのは？

「取りつ置きつ」の音便形。手に取ってみたり、置いたりするさまから、「あれこれ迷う」ことの形容に使われる。

□**どろんする**　「消える」という意味になるのは？

急に姿を消すさま。芝居で、幽霊が消えるときに、太鼓でドロドロドロンという音を合わせたことに由来する。

□**持ちきり**　同じ状態が続くことがなぜ「持ちきり」？

「○○の噂で持ちきり」などと使い、最初から最後まで同じ状態が続くこと。「し通す」という意味の動詞「持ち切る」が名詞化したことば。

□**ありきたり**　昔の意味と今の意味のちがいは？

漢字では、「在り来り」と書き、「古くからずっと存在して来た」という意味だった。やがて、そう古くはなくても、ありふれているものという意味に変化した。

□**たちどころに**　「たちまち」の意味になった経緯は？

漢字で書けば「立ち所に」。移動することなく、立っている場所でそのままにという意味から、「たちまち」「すぐに」という意味になった。

◉どんな行動？　どんな様子？ ②

□**つれない**　どうして「冷淡」という意味になる？

「連れ＋無し」で、もとは関係がない、関連がないという意味。そこから、無関心、冷淡という意味に広がった。

□**わくわく**　動詞の「わく」を重ねたという説が有力

動詞の「わく」を二つ重ねたことばとみられる。「わく」という動詞は、「興味がわく」

「関心がわく」など、気持ちが動くという意味で使われる。そこから、「わくわく」は、期待や喜びで、落ちつかないさまを表すようになったとみられる。

□**まだら**　「曼荼羅」との関係は？

「曼陀羅」が変化したという説が有力。確かに、仏教図の曼陀羅は、さまざまなことが複雑に描かれていて、離れてみると「まだら」模様のように見えなくもない。

□**みすぼらしい**　「身なりがよくない」という意味になるのは？

原型は「身＋窄《すぼ》らし」。古語の「窄らし」は小さくなるという意味で、「身が小さくなる」ことから、貧弱であることや、身なりがよくないという意味が生じたとみられる。

□**滅相《めっそう》もない**　仏教語の「滅相」とはどんな関係？

「滅相」は仏教語で、物事が移り変わる段階のうち、消滅する段階を指す。消滅してしまう大変な段階ということから、とんでもないことを意味する「滅相もない」ということばが生まれた。

□**すこぶる**　もとは「少し」+「ぶる」!?

「ぶる」は漢字で書くと「振る」で、「大人振る」「いい人振る」など、様子を表すことば。「すこぶる」は「少し+ぶる」で、もとは「ちょっと」という意味だったが、やがて「大いに」という意味に逆転したとみられる。

□**さめざめ**　泣く様子を表すようになった経緯は?

「さめざめと泣く」など、涙を流して泣くさまの形容に使われる。「小雨《さめ》」を二つ重ねた「小雨《さめ》小雨《さめ》」に由来するとみられる。

□**断る**　もとは、きちんと説明するという意味

「ことわる」は「事+割る」で、もとは「物事の是非を分けて判断する」という意味だった。やがて、「事を分けて説明する」という意味が生じ、そこから「事情を説明して、

拒否する」という意味になった。

◉どんな行動？　どんな様子？③

□**物憂《ものう》い**　この「物」は、どんなもの？

この「物」に物体という意味はない。「物寂しい」「物悲しい」など、「物」は形容詞に接頭語としてつくと、「なんとなく」という意味をつくる。「物憂い」も、そのひとつ。

□**粛々《しゅくしゅく》と進める**　政治家の使い方は、正しい？　誤用？

「粛々」の本来の意味は、静かで厳かな様子。ところが、政界では、意識的な誤用なのか、「予定どおりに進める」という意味で使われてきた。ところが、沖縄県知事から「上から目線」と批判され、官房長官らが「もう使わない」と発言。使用（誤用）頻度は減っている。

□捨《す》て鉢《ばち》になる　どうして「やぶれかぶれ」という意味に？

やぶれかぶれ、自暴自棄になること。江戸時代、磔《はりつけ》の刑に処せられたうえ、そのまま放置されることを「捨て磔」と呼んだ。この語が変化して「ステバチ」となり、「鉢」という字が当てられたとみられる。

□やさぐれる　もともとの意味は「家出する」⁉

この「やさ」は「鞘」を反対に読んだもの。「鞘」は刀の刀身部分を入れることから、比喩的に「家」を意味する。そこから、「やさぐれる」は、もとは「家出する」ことで、転じて、精神的にすさむ、まともな道からはずれるという意味で使われるようになった。

□たまげる　なぜ漢字で「魂消る」と書く？

驚くこと。「たまげる」を漢字で書くと、「魂消る」。もとは単にびっくりすることではなく、「魂が消えてしまうほどのたいへんな驚き」という意味だった。

□度《ど》し難《がた》い

「救い難《がた》い」という意味になるのは？

「済度《さいど》し難い」が変化したことばで、「済度」は人を苦海から救い出すという意味。「済度し難い」が縮まって、救い難いことを意味する「度し難い」ということばが生まれた。

□つつがない

「ツツガムシ」との関係は？

このことばは、ダニの一種の幼生、「ツツガムシ」に由来する。「ツツガムシ」にさされると高熱を発し、死に至ることもある。むろん、そんな虫がいなければ、無事に暮らしていけるので、平穏無事な状態を「ツツガムシがいない」↓「つつがない」というようになった。

Step3

どの「漢字」を使うか迷ったときこそ、語源をたどろう

◉ふだんからよく使われることばの語源①

□周到《しゅうとう》……この「周」には、こまやか、ゆきとどくという意味があり、「周到」はそれを到《いた》らしめるという意味。「用意周到」「周到な準備」などと使う。

□専攻《せんこう》……この「攻」は、「攻める」という意味ではなく、もとは宝玉を磨くという意味で、そこから転じて、「知識を磨く」という意味になった。

□発祥《はっしょう》……「祥」はめでたいことで、「発祥」は、もとは天子となるよいしるし(瑞祥《ずいしょう》)が現れること。つまりは、天子が誕生することであり、そこから物事の始まりという意味が生じた。

□反駁《はんばく》……反発する、反論する。「駁」には責めただすという意味がある。なお、読み方は「はんぱく」ではなく、「はんばく」なので注意。

□剽窃《ひょうせつ》……「剽」にはかすめ取る、「窃」にはこっそり盗むという意味がある。

□随行《ずいこう》……「随」は、お供するという意味。そこで、マスコミでは、首相の外遊などについていく記者を、お供をするわけではないという意味で、「随行記者」ではなく、「同行記者」と表現している。

□波瀾……「瀾」も「なみ」と読み、「波瀾」は小さな波と大きな波のこと。「波瀾万丈」はその落差が万丈（丈は長さの単位）もあることで、人生などの浮き沈みの激しさを表す。なお、一丈は十尺（約3メートル）なので、万丈は3万メートルということになる。

◉ふだんからよく使われることばの語源②

□硫黄《いおう》……「硫」は、火山の噴火物が流れてできる鉱物のこと。「黄」はその色から。

□椅子《いす》……「椅」には「よりかかる」という意味がある。「子」は名詞をつくる接尾語で、「冊子」「帽子」や「餃子」などにも使われている。

□色男……もとは、歌舞伎で、男女の機微を演じる役者を意味し、そうした役者が顔を白く塗っていたことに由来するという説が有力。「色気のある男」という意味だという単純明快な説もある。

□ **関脇**《せきわけ》……かつては、大相撲の最高位だった「大関」の脇に位置するという意味。

□ **夫人**……夫は「扶」に通じ、「夫を助ける人」という意味。昔の中国では、諸侯の妻らを意味し、日本では当初は貴人の妻、やがて人妻全般に対する敬称になった。

□ **吟味**《ぎんみ》……「吟う」で「うたう」と読み、「吟味」の本来の意味は、詩歌を吟じて趣きを味わうこと。それが、今では、くわしく調べるという意味に変化している。

□ **都合**……「都て」で「すべて」と読み、「都合」の本来の意味は、すべてが合うこと。そこから、「都合がいい」「都合がつく」などと使われるようになった。

□ **没落**《ぼつらく》……本来は、城や陣地を敵に奪われること。そこから、身代をつぶすこと、落ちぶれることを意味するようになった。

□ **支度**《したく》……「支」にも「度」にも、「見積もる」という意味があり、そこから、用意する、準備するという意味になった。

◉ふだんからよく使われることばの語源③

□**沿革**《えんかく》……「沿」は、先例に沿って変わらないこと。「革」は、あらためること。そこから「物事の移り変わり」という意味が生じ、「会社の沿革」など、変遷や歴史という意味で使われるようになった。

□**不憫**《ふびん》……今は漢字で「不憫」か「不愍」と書き、「憫」にも「愍」にも、あわれむという意味がある。ところが、もとは「不便」と書いて、単に具合が悪いという意味だった。やがて、そうした状態をあわれに感じることを意味するようになった。

□**人間**……本来は、仏教の六道のひとつの「人間界」のことで、「人の住む世界」という意味。「人」という意味で定着したのは、江戸時代以降のこと。

◉明治の人がひねり出したことば①

□**改良**……明治時代は、近代化に必要な欧米語を訳すため、2文字の「和製漢語」が大量につくられた。和製漢語は、中国からの借用ではなく、日本でつくりだされた漢字の熟語という意味。「改良」も明治期につくられた和製漢語で、初出は明治6年頃。後に、二葉亭四迷が小説

『浮雲』のなかで使い、流行語のように使われた。

□**科学**……西周《あまね》は、明治時代、数々の和製漢語を生み出した哲学者。「科学」も彼の造語とみられ、初出は明治7年ごろ。一方、「化学」は幕末から使われていた。

□**具体**……これは中国発のことばで、中国では「個別の事情」という意味で使われていたことばを明治初期、西周が「抽象」の対義語として使用した。

□**議会**……これも、明治時代につくられた和製漢語。議案、議長、議員なども、議会開設に伴ってつくられた和製漢語。その頃、中国には、まだ議会はなかった。

□**経済**……明治初期は、エコノミーの訳語として、「理財」が使われていたが、明治中期以降、「経済」が使われるようになった。中国の「経世済民」あるいは「経国済民」に由来することば。

□**銀行**……明治5年、国立銀行条例が発布され、広まったことば。それ以前から、ジャーナリストの福地桜痴《おうち》らが bank の訳語として使っていた。

□**投資**……明治期の和製漢語。「資金」も日本生まれの漢語。日本のほうが中国よりも、先に資本主義化したため、中国に借用できるようなことばがなく、経済関係の漢語には日本生まれのことばが多い。

□**貿易**……「貿える」「易る」は、ともに「かえる」と読み、もとは、品物を交換し合って取引が成立すること。それが、明治以降は、国際間の商取引という意味で使われるようになった。

□**商社**……幕末・明治初期につくられた和製漢語で、最初はカンパニーの訳語として、「会社」という意味で使われていた。その後、当時の会社が、おもに外国人と取引していたことから、「商社」は、貿易に関係する会社という意味になった模様。

□**実業**《じつぎょう》……仏教語に「実業《じつごう》」ということばはあるのだが、それとの関連ははっきりしない。明治時代、「実地に行う事業」という意味で使われるようになった。

□**公園**……中国では、古くから「官有の庭園」という意味で使われていたことば。日本ではparkの訳語として使われ、明治6年、太政官布告によって、上野や飛鳥山《あすかやま》などが「公園」に指定された。

□**散髪**《さんぱつ》……もとの意味は、元結《もとゆい》で結ばない散らし髪のこと。明治維新後、ザンギリ頭という意味で使われるようになり、後に今のような「調髪」という意味になった。

◉明治の人がひねり出したことば②

□**教会**……明治初期のキリスト教解禁後につくられたことば。なお、戦国・安土桃山時代には、南蛮寺や切支丹寺と呼ばれていた。この違いは、戦国時代劇の考証担当者が、かならずチェックするポイント。

□**宗教**……もとは仏教語で、「宗門の教え」という意味だった。それが、明治以降、英語の religion の訳語として使われることになった。

□**天国**……江戸時代までの日本に、「天国」ということばはなかった。明治初期、聖書を訳す際に、漢訳の聖書から借用したことば。

□**牧師**……もとは、牧場をつかさどる者のこと。それが、まず中国で、教会をつかさどる人という意味で使われるようになり、日本では明治以降、キリスト教を解禁するなか、それを借用した。

□**警察**……わが国の警察制度の事実上の創立者である川路利良《かわじとしよし》が、police の訳語として建議書で使い、明治8年頃から一般化したことば。

□**巡査**《じゅんさ》……中国では、「めぐり調べる」という意味で使われていたことば。日本では明治初期、ポリスメンのことを「邏卒《らそつ》」と呼んだが、明治7年、巡査に改称。以後、140年以上も使われている。

□**消防**……幕末につくられた和製の漢語。それ以前は「火消し」。

□**義務**……福沢諭吉が『学問のすゝめ』で使っているが、それは万国公法を中国で訳した本からの借用とみられる。

□**小説**……中国では、とるに足らない意見という意味で使われていたことば。日本では、明治18年、坪内逍遙《しょうよう》が『小説神髄』を著し、以後、英語の novel の訳語として定着した。

□**進化**……日本に「進化論」を紹介した加藤弘之の造語。あるいは、西周の造語という説もある。

□**世界**……もとは仏教語で、すべての時間・空間を意味することば。それが、明治以降、world の訳語として使われるようになった。

□**設計**……中国では、古くから「はかりごとを企てる」という意味で使われていたことば。日本では、明治後期から、建築や土木工事の図面をつくることという意味で使われるようになった。

□**接吻**《せっぷん》……「吻」にはくちびるという意味があり、「接吻」はくちびるを接するという意味。明治になってから、キスの訳語として一般化した。江戸時代までは、「口吸い」と呼ばれることが多かった。

□**告別式**……明治34年、中江兆民が「一切の宗教上の儀式は無用」と遺言し、その無宗教の葬儀が「告別式」という名で行われたのが最初。生前から、中江の相談に乗っていた板垣退助らが相談して、つくったことばとみられる。

◉明治の人がひねり出したことば③

□**肉弾**《にくだん》……明治39年に発表された桜井忠《ただ》温《よし》の小説『肉弾』から一般に広まった。この小説は、日露戦争の旅順の攻防戦を描いたもので、以後「肉弾戦」などのことばが生まれた。

□**積《つ》ん読《どく》**……買った本を〝積んでおくだけ〟という意味。明治34年、財政学者だった田尻稲次郎が造語したという説が有力。

□**主人公《しゅじんこう》**……もとは「主人」を敬っていう尊称。「公」は政宗公、信玄公などというように、貴人の名につける敬称だった。明治時代、坪内逍遙が『小説神髄』の中で、「主人公」を話の主人＝主役という意味で使い、以後この意味で広まることになった。

□**能率**……この和製漢語がよく使われるようになったのは、大正時代以降、サラリーマンが増えはじめた時代から。能率のよさが要求される資本主義の発展とともに、使用頻度が増してきた。

□**突貫《とっかん》**……明治時代に、軍隊用語としてつくられたことば。「突進」も和製漢語で、ともに敵陣に突き進むさま。また、「突飛」も明治の和製漢語。当初は「突然飛び出す」という意味で使われていたが、やがて並外れて異なっているさまという意味になった。

□**風船**……中国では、風力で動く船のこと。日本では幕末、バルーンの訳語として、今でいう「気球」の意味で使われればじめた。明治中期以降、「気球」が主流になると、「風船」はもっぱら、おもちゃの風船という意味になった。

□**反応**……中国では、「内応」と同様、裏切りという意味で使われていた。日本ではそのことばを英語のreactionの訳語として利用。明治時代は「はんおう」と読んでいたが、やがて「はんのう」と読むようになった。

□**教養**《きょうよう》……古くは「供養」の意味で使われ、明治初期には「教育」と同様の意味で使われるようになる。やがて「教育」ということばが広まると、「教養」は「教え育てる」という意味は失い、大正時代の「教養主義」の風潮に乗って、学識によって得られる品位を意味することばとなった。

□**発明**……もとは、道理を明らかにするという意味の漢語。日本では、あまり使われていなかったが、明治初期、英語のinventionの訳語として用いられ、新しいものをつくりだすという意味で広まった。

□**文化**……中国では、学問によって人民を導くという意味で使われていたが、日本ではそのことばをカルチャーの訳語として利用した。

□**演説**……江戸期以前の意味は、仏の教えを説明すること。福沢諭吉がそのことばをスピーチの訳語として使いはじめた。

□**理事**……漢語では、物事をさばくという意味。日本では明治以降、マネージャー、あるいはディレクターの訳語として使われてきた。

◉蘭学者がひねり出したことば

□**神経**……『解体新書』にみられるのが初出で、杉田玄白らがつくったことば。「神気の経絡《けいらく》」(ルートという意味)を略してつくったと、玄白が他の著書で述べている。

□**打診《だしん》**……ドイツ語の医学用語を訳した和製漢語で、もとは医者が胸などを叩いて診察する方法のこと。そこから、相手の意向を確かめるという意味で、一般に広まった。

□**繊維《せんい》**……「繊」は細い、「維」は糸すじという意味。幕末に医学用語としてつくられた和製漢語。

□**装置**……江戸時代、蘭学者によって考え出された和製漢語。「装備」も同様。

◉大正・昭和の人がひねり出したことば

□**栄養**……比較的新しいことばで、初出は大正7年。それ以前は「滋養」、「営養」と呼ばれていた。当時は「衛生」も、今でいう栄養の意味で使われることがあり、お菓子の「衛生ボーロ」の「衛生」は、今の栄養という意味で使われているとみられる。

□**事典**……古くからあることばではなく、昭和6年、平凡社が『大百科事典』を発売する際に、つくったことば。辞典や字典と差別化するため、「事典」と名付けたのが始まり。

□**文庫本**……「文庫」は、もとは「書物を収蔵する蔵」を意味した。明治以降、「叢書《そうしょ》」（一定形式のシリーズ本）という意味で使われるようになり、岩波文庫の発売以降、「文庫本」は小型で安価な本の代名詞になった。

□**放送**……もともとは、船舶無線関係で使われていたことば。一般化したのは、大正時代の後半、ラジオ放送がスタートして以来のこと。

□**疎開**《そかい》……もとは、まばらに開くことで、さほどポピュラーなことばではなかったが、太平洋戦争中、住民を地方へ分散するという意味で使われるようになると、昭和19〜20年には、聞かない日はないくらい、頻繁かつ切実に使われることばになった。

□**冷戦**……1947年、アメリカのコラムニストのウォルター・リップマンの本のタイトル『The cold war』の訳語。

□**空爆**《くうばく》……「空からの爆撃」という意味だが、比較的新しいことばで、マスコミが使いはじめたのは、1980年代のイラン・イラク戦争の頃から。それ以前は「空襲」か「爆撃」が使われていた。たとえば、ベトナム戦争時は「北ベトナムへの爆撃」（略して「北爆」）と表現されていた。

◉読めますか？ 使えますか？〈基本1〉

□**寵《ちょう》児《じ》**……「寵」には、籠に入れて大切に飼うという意味がある。そこから「寵愛」など、たいへん可愛がるという意味が生じた。「寵児」は可愛がられている子供のことで、のちに「時代の寵児」などと使われるようになった。

□**吝《りん》嗇《しょく》**……「吝」「嗇」も、訓読みすると「やぶさか」。「思いきりが悪い」という意味で、「吝嗇」は、(金に関して)思いきりが悪いことから、「ケチ」という意味になった。

□**瑣《さ》末《まつ》**……とるに足らないささいなこと。「瑣」には「ちいさい」という意味がある。

□**冗《じょう》漫《まん》**……「冗」は「むだ」、「漫り」は「みだり」と訓読みする。合わせて「冗漫」は、だらしなく無駄に長いこと。「冗漫な作品」など。

□**随分**《ずいぶん》……もとは「分《ぶん》に随《したが》う」ことで、「身分相応」という意味。そこから、意味が一変して、今は「かなり」「相当」という意味で使われている。

□**蛇蝎**《だかつ》……人に嫌がられるものの象徴。「蝎」はサソリのことで、「蛇蝎の如く嫌われる」などと使う。

□**華僑**《かきょう》……外国に住む中国人の総称。「僑」には、仮住まいする人、旅人という意味がある。

□**凱旋**《がいせん》……勝利して帰ること。「凱」は戦勝の音楽、「旋」は帰るという意味。

□**伯仲**《はくちゅう》……優劣がつけられないという意味。もとは「伯」は兄、「仲」は弟を意味する。

□**葛藤**《かっとう》……「葛《かずら》」も「藤」も、蔓《つる》がもつれ合う植物であることから、心の中にもつれるように相反するものがあって迷う状態を表すようになった。

□**怒濤**《どとう》……荒れ狂う大波。「濤」は「なみ」のこと。「怒」は怒りという意味ではなく、勢いが激しいさま。

□**緻密**《ちみつ》……細工がこまかく、不備のないさま。「緻かい」で「こまかい」と読む。

□坩《る》堝《つぼ》……金属を高温で溶かす容器のことで、比喩的に「興奮のるつぼ」「人種のるつぼ」と使う。「坩」には「つぼ」、「堝」には「るつぼ」という訓読みがある。

◉読めますか？　使えますか？〈基本2〉

□蘊《うん》蓄《ちく》……蓄えた知識のことで、「蘊蓄を傾ける」が定番の使い方。「蘊む」で「つむ」、「蓄える」で「たくわえる」と訓読みする。

□喧《けん》伝《でん》……世間に広く言いふらすこと。「喧しい」で「かまびすしい」と読む。

□昵《じっ》懇《こん》……親密なこと。「昵」には「ちかづく」、「懇」には「ねんごろ」という意味がある。「昵懇の間柄」など。

□忌《き》諱《き》……嫌がって避けること。「忌む」も「諱む」も「いむ」と読む。「忌諱に触れる」など。なお、「きい」は慣用読みで、本来は「きき」と読む。

□矜《きょう》持《じ》……プライドのこと。「きんじ」と読み間違いやすい。「矜る」で「ほこる」と読む。

□**頒布**《はんぷ》……広くゆきわたらせること。「頒」には「わける」という意味がある。

□**汎用**《はんよう》……一つのものをいろいろな用途に使うこと。「汎い」で「ひろい」と読む。

□**破綻**《はたん》……破れ、つぶれること。「綻びる」で「ほころびる」と読む。

□**騒擾**《そうじょう》……大騒ぎになること。「擾れる」で「みだれる」と読む。「騒擾事件」など。

□**逼迫**《ひっぱく》……余裕がなく差し迫っている状態。「逼る」も「迫る」も、「せまる」と読む。

□**招聘**《しょうへい》……礼儀を尽くして人を招くこと。「聘す」で「めす」と読む。「教授を招聘する」。

□**鼎談**《ていだん》……三人で話をすること。「鼎《かなえ》」は、三本足のついた食べ物を煮る容器。

□**贖罪**《しょくざい》……罪を償うこと。「贖う」で「あがなう」と読む。「自ら贖罪する」など。

□**領袖**《りょうしゅう》……トップに立つ人のこと。「領」は「えり」と訓読みし、「領」も「袖《そで》」も目立つことを意味する。

◉読めますか？　使えますか？〈基本3〉

□補塡《ほてん》……不足した分を補うこと。「塡める」で「うずめる」、「塡ぐ」で「ふさぐ」と読む。「赤字を補塡する」など。

□諜報《ちょうほう》……情報を探り、報せること。「諜う」で「うかがう」と読む。

□捏造《ねつぞう》……嘘を事実とでっちあげること。「捏ねる」で「こねる」と読む。本来は「てつぞう」と読むが、今は「ねつぞう」という慣用読みが一般化している。

□天誅《てんちゅう》……もとは「天罰」という意味だが、制裁のため、人に斬りかかるときに叫ぶことばとして有名。「誅す」で「ころす」と読む。

□喧嘩《けんか》……騒がしく争うこと。「嘩しい」も「喧しい」と同様、「かまびすしい」と読む。

□稽古《けいこ》……「稽える」で「かんがえる」と読み、もとは「古《いにしえ》について稽える」という意味。そこから、学問すること、練習することという意味に広がった。

□世襲……子供が親の職業や地位を受け

継ぐこと。「襲ぐ」で「つぐ」と読む。

□**殊勝**《しゅしょう》……「殊《こと》に勝《すぐ》れる」という意味から、感心なこと。「殊勝な娘」など。

□**知己**《ちき》……「己（の心）を知る」という意味で、本来は単なる知り合いではなく、心中までわかり合った親友のこと。

□**敏捷**《びんしょう》……動作がすばやいこと。「敏い」は「さとい」、「捷い」は「はやい」と読む。

□**流暢**《りゅうちょう》……「暢びる」で「のびる」と読み、話しことばが〝流れるようにのびやか〟という意味。「流暢な英語」など。

◉わかりますか？　知っていますか？〈応用1〉

□**敬虔**《けいけん》……「虔む」で「つつしむ」と読み、神や仏を誠意をもって敬うこと。

□**瀟洒**《しょうしゃ》……あかぬけていること。「瀟」には水、「洒」には洗うという意味がある。

□**明瞭**《めいりょう》……はっきりしていること。「瞭らか」も「明らか」と同様、「あきらか」と読む。

□**枢軸**《すうじく》……「枢軸国」や「悪の枢軸」な

ど使われ、「枢軸」は中心線や軸という意味。「枢」には「くるる」という訓読みがあり、これは回転装置の心棒を意味することば。

□呻吟《しんぎん》……「呻く」で「うめく」と読み、苦しみ、うなること。

□怪訝《けげん》……「訝る」で「いぶかる」と読み、怪しく不審に思うこと。「怪訝な顔」など。

□恬淡《てんたん》……物事に執着せず、あっさりしていること。「恬い」で「やすい」と読む。「金銭に恬淡としている」など。

□忸怩《じくじ》……恥じること。「忸」にも「怩」にも、「恥じる」という意味がある。

□呵責《かしゃく》……責めくるしむこと。「呵る」で「しかる」と読む。また「呵」は、「呵う」と送り仮名をつけると「わらう」と読み、こちらは「呵々大笑」に使われる場合の意味。

◉わかりますか？　知っていますか？〈応用2〉

□更迭《こうてつ》……悪い方向の人事異動の意味に使うことば。「更める」で「あらためる」、「迭わる」で「かわる」と読む。

□僭越《せんえつ》……でしゃばること。「僭る」で「おごる」と読む。「僭越ながら」など。

□忌憚《きたん》……「忌《い》み憚《はばか》る」、つまりは遠慮すること。「忌憚のないご意見」など。

□諫言《かんげん》……目上の人に忠告すること。「諫める」で「いさめる」と読む。「上司に諫言する」。

□仄聞《そくぶん》……「仄か」で「ほのか」と読み、すこしだけ耳にすること。

□委細《いさい》……「委しい」で「くわしい」と読み、細かくくわしいこと。「委細面談」など。

……………………………………

□報酬《ほうしゅう》……労働に報いるため、支払われる金品。「酬い」も「むくい」と読む。

□象嵌《ぞうがん》……「嵌」には「あな」という訓読みがあり、象《かたど》って嵌《は》め込むこと。

□逓減《ていげん》……じょじょに減っていくこと。この「逓」には、次々と順を追って、という意味がある。増えるのは、「逓増」。

□知悉《ちしつ》……「悉く」で「ことごとく」と読み、すべてを知り尽くしていること。

□濫用《らんよう》……「濫り」で「みだり」と読み、むやみに用いること。「職権濫用」など。

□黎明《れいめい》……「黎い」で「くろい」と読み、夜明け前の暗さを表し、そこから、物事の始まりという意味になった。「黎明期」など。

□箴言《しんげん》……「箴める」で「いましめる」と読み、教訓となることばや戒めを含む格言のこと。

□使嗾《しそう》……「嗾す」で「そそのかす」と読み、そそのかし、けしかけること。

□無辜《むこ》……罪のないこと。「辜」には「つみ」という訓読みがある。「無辜の民」など。

□屹立《きつりつ》……高い山などがそびえ立つ様子。「屹つ」で「そばだつ」と読む。

□同衾《どうきん》……この「衾」は「布団」という意味で、ひとつの布団に一緒に寝ること。

□蒐集《しゅうしゅう》……「蒐める」で「あつめる」と読み、趣味や研究のために集めること。

□稠密《ちゅうみつ》……多く集まり、混み合っているさま。「稠い」で「おおい」と読む。

◉わかりますか？　知っていますか？〈応用3〉

□**炯眼**《けいがん》……「炯らか」で「あきらか」と読み、鋭い眼つきのこと。そこから、洞察力が鋭いことをいう。「炯眼の士」など。

□**睥睨**《へいげい》……周りを睨みつけて、勢いを示すこと。また、流し目で見るという意味もあり、「睥」の訓読みは「ながしめ」。

□**蹂躙**《じゅうりん》……「蹂む」も「躙む」も、「ふむ」と読み、暴力などによって、ふみにじること。「人権蹂躙」など。

□**慟哭**《どうこく》……大声をあげ、身悶えして泣きわめくこと。「慟く」で「なげく」、「哭く」で「なく」と読む。

□**殲滅**《せんめつ》……「殲ぼす」で「ほろぼす」と読み、皆殺しにして滅ぼすこと。「敵を殲滅する」など。

□**灌漑**《かんがい》……水を引いて、耕作地をうるおすこと。「灌ぐ」も「漑ぐ」も「そそぐ」と読む。「灌漑用水」など。

□**消耗**《しょうもう》……「耗る」で「へる」と読み、使ってなくすこと、使いきること。本来は「しょうこう」と読むが、現在では

「しょうもう」が一般的な読み方。

□威嚇《いかく》……相手をおどしつけること。「威す」も「嚇す」も「おどす」と読む。

□驚愕《きょうがく》……「愕く」も「驚く」と同様、「おどろく」と読み、ひじょうに驚くこと。「驚愕の展開」など。

□教唆《きょうさ》……「唆す」で「そそのかす」と読む。そそのかすこと、けしかけること。

□膠着《こうちゃく》……くっついて離れないこと。「膠着状態」など。「膠」には「にかわ」という訓読みがある。

□憤懣《ふんまん》……「懣える」で「もだえる」と読むが、この熟語の「懣」は、積もった怒り、不満のこと。「憤懣やるかたない」など。

□泥濘《でいねい》……「濘る」で「ぬかる」と読み、「濘」はぬかるみのこと。

□訥弁《とつべん》……口下手、つかえながらしゃべること。「訥」には口ごもるという意味がある。

Step4

あの日本語、あの言い方、そもそもどこから来たの？

1 語源を知るだけで、スッキリすることば

◉実は知らないで使っている日本語

□**いけ図々《ずうずう》しい**　「いけ」って何のこと？

「いけ」は、非難する意味を強調する接頭語。「いけ好かない」「いけしゃあしゃあ」などにも使われている。もとは関東地方の方言で、江戸っ子が使ううちに全国に広まった。

□**尻目《しりめ》**　動作的には、どんな目で見ること？

本来は、瞳だけを動かし、横や後ろを見ることをいう。江戸時代までは「流し目」と同じ意味で使われ、悪い意味はなかったのだが、やがて「○○を尻目に」という形で、「まともに取り合わない」「相手を無視する」という意味が生じた。

□世間ずれ　「世間とズレている」という意味ではない

漢字では「世間擦れ」と書き、「世の中でもまれて、人柄や性格が変わる」ことをいう。ずる賢くなるなど、ネガティブな方向に変わることなので、人に対しては使わないように。

□赤丸上昇中　なぜ「赤丸」なのか？

売れ行きが上昇中であること。調査会社の音楽ランキングチャートで、順位上昇中の注目曲に、赤丸印がつけられることから。

□置《お》いてけぼり　なぜ「ぼり」なのか？

江戸時代の怪談に出てくる「置いてけ堀」という堀の名に由来する。江戸市中に小さな堀があり、釣り人が帰ろうとすると、堀の中から「置いてけ、置いてけ」という声が聞こえた。その声の主は身投げした女性とされ、この話が広まって、置き去りにされることを「置いてけぼり」というようになったという。

□ どや顔《がお》　「どや」は関西弁の「どや」?

近年、関西系の芸能人がテレビで使い、一般化した語。「どや」は、「どうだ」の関西弁「どうや」の略。「どうだ」といわんばかりの顔つき、つまりは、したり顔のこと。

□ どさまわり　「どさ」って何のこと?

芝居の一座などが地方を回り、興行すること。この「どさ」は、佐渡ヶ島の「佐渡」をひっくり返したことば。江戸時代、佐渡島の金山へ罪人が送りこまれていたことから、隠語で佐渡を「どさ」と呼ぶようになり、そこから「どさまわり」ということばが生まれた。

□ 指切りげんまん　「げんまん」って何のこと?

「指切り」は、昔の遊廓で、遊女らが自分の指を本当に切って、約束を守ることを誓ったことに由来する。一方、「げんまん」は「拳万」と書き、「約束を破ると、拳骨で一万回叩く」という意味が込められている。

□**火の車**　借金との関係は？

「火車」は仏教語で、地獄に堕ちた者を乗せる車のこと。車自体が燃えているのだから、罪人はこの車の上で業火《ごうか》に焼かれることになる。借金を背負う苦しみは、その苦しみにも通ずるという思いから、「火の車」ということばが生まれた。

□**ビンタ**　「ビン」って何のこと？

平手で頬を殴ること。ビンタの「ビン」は鬢（頭の左右両面の髪）で、そのあたりを殴るという意味。

◉そのことば、ポジティブ？　ネガティブ？

□**やばい**　もとは服役囚の隠語だった⁉

戦前の服役囚は、看守のことを隠語で「やば」と呼び、看守に規則違反などが見つかりそうになると「やば、やば」と呼び合って、看守の存在を教え合ったという。そこから、「やばい」ということばが生まれ、ネガティブな意味のことばとして使われていたのだが、近年はポジティブな意味にも使われるのは、ご承知のとおり。

□人たらし　もとは、悪い意味だった

今では、人の心をつかむのがうまい人という意味でも使われているが、本来は、人を欺く者のこと。漢字では、「人誑し」と書く。

□ガセ　なぜ「ウソ」「デマ」という意味になる?

俗語でウソ、デマという意味だが、お騒がせの「がせ」に由来するという説が有力。テキ屋業界の隠語がもととみられる。

□明後日《あさって》の方向《ほうこう》　「見当違い」の意味になったワケは?

見当違いの方向のこと。1時間後のこともわからないのに、明後日のことなど、まるで

見当がつかないもの。そこから、見当違いという意味になった。会議が本題とは別の方向に進んだ場合などに、「明後日の方向を向いてんじゃないの」などと使う。

□大食漢《たいしょくかん》　女性には使えない理由

女性のフードファイターもいるが、彼女らのことを「大食漢」と呼んではいけない。「漢」は男子のことなので、「大食漢」は大食いの男性を意味する。このほか、門外漢、熱血漢、硬骨漢、悪漢なども、「漢」がつくので男性専用のことば。「痴漢」はいうにおよばず。

□安全牌《ぱい》　もとはマージャン用語から

もとは、マージャン用語。他の人の手に当たらない牌であるところから、安全で害にならない人、おおむね益にもならない人の比喩に使われるようになった。たとえば、女性と二人きりでいても、手も出してこないような男性を指す。

◉ふだん使いの日本語の意外すぎるルーツ①

□**さびしい**　「さみしい」と、どちらが正しい？

最も古い形は「さぶし」で、平安時代に「さびし」に変化、「さみし」は江戸時代になってからようやく登場する形。現代の国語調査で、「さびしい」と「さみしい」のどちらを使うかと尋ねたところ、結果はほぼ半々で、どちらが正しいともいえなくなっている。文章では「寂しい」と書き、読者に読み方をまかせるのも一法。

□**悩ましい**　本来は、思い悩むという意味ではない

もともとは、官能的という意味で、悩ましい肢体、悩ましい目つきなどと使われたことば。一方、「悩ましい問題だ」など、思い悩む、難儀という意味で使われるのは、新しい用法。今では誤用とはいえなくなっているが、文章では誤解を避けるため、「難しい」などに言い換えたほうが無難。

□**風邪を引く**　　なぜ風邪は「引く」ものなのか？
「風邪を引く」の「引く」には、吸い込むという意味があり、平安時代から「風を引く」（昔は風一字で風邪を表した）という表現が使われてきた。

□**火星**　　なぜ「火」が使われている？
地球に近い惑星は、「五行説《ごぎょうせつ》」にもとづいてネーミングされている。五行説は、「木、火、土、金、水」の５つを万物の源とする考え方で、火星は赤く見えるところから、「火」が割り当てられた。

□**チャンバラ**　　チャンチャンはわかるが、バラバラの意味は？
「チャンバラ」は、チャンチャンバラバラの略。チャンチャンは、刀がぶつかり合う音。バラバラは、鉄砲の弾が周囲にバラバラと落ちるさまを表している。大正から昭和の初めにかけて、講談などでよく使われたことば。

□カッターシャツ　ミズノの創業者の造語

関西では、ワイシャツのことを「カッターシャツ」という。これは、もとは運動用シャツとして売り出されたシャツの商品名で、スポーツ用品会社のミズノの創業者が命名したもの。その名が、やがてワイシャツの意味にも使われるようになった。

□トロ箱　マグロのトロを入れておくからか？

「トロ箱」は、魚の流通過程で使われる、魚を入れておくための容器。マグロのトロとは関係なく、トロール船、トロール漁と関係する。「トロール」は、遠洋漁業でよく用いられる底引き網の一種を意味することば。

□さら地　「さら」は、どこから来たことば？

新しいことを意味する「さら」は、「新《あら》」に接頭語の「さ」がついて「さあら」となった後、縮まったことばとみられる。さら地は「新地」とも書き、さら湯はまだ誰もはいっていない風呂の湯。関西では「さら」単独でも使い、「さらの服」（新品の服）などという。

□**猫車《ねこぐるま》**　ネコとの関係は？

「猫車」は、一輪の手押し車。建築現場の狭い足場を「猫足場」と呼び、そこを通る車なので「猫車」と呼ばれるようになった、という説が有力。

◉ふだん使いの日本語の意外すぎるルーツ②

□**よいしょする**　これで、「おべっかを使う」という意味になるのは？

「よいしょ」は、物を持ち上げるときの掛け声。そこから、人をお世辞で〝持ち上げる〟ことを「よいしょする」というようになった。

□**上《あ》がったり**　今は「あがる」といえば、調子がよくなることだが？

今、「アゲアゲ」というと好調なことだが、「上がったり」は絶不調な状態を意味する。

この語は、「上がる」に完了の助動詞の「たり」がついた形で、「終わる」という意味に近い。商売がどうしようもなくなることを「商売上がったり」などという。

□ **棚上《たなあ》げ**　最初に「棚上げ」したのは、どんな人たち？

本来は、商人が、商品を一時的に〝棚の上に上げ〟て、在庫として温存することを意味した。意図的に品不足にして、値上りするのを待つためにしたことであり、今とはずいぶん意味が違うことばだった。

□ **当《あ》てずっぽう**　「ずっぽう」って何のこと？

江戸時代、「当て推量」を擬人化した「あてずい坊」ということばがあった。それが変化して「当てずっぽう」になったとみられる。

□ **不夜城《ふやじょう》**　元祖の不夜城は、どこにあった？

意味は、夜でも昼のように明るい場所のこと。今では新宿歌舞伎町あたりが「不夜城」

と形容されるが、その元祖は、漢の時代、中国の不夜県にあったという。同県では、夜になっても太陽が見えたという伝承に由来することばだ。

◉あの新語・俗語にそんなルーツがあったんだ！

□立《た》ち位置《いち》　もともと演劇用語だった

「キミの立ち位置は、賛成なのかね、反対なのかね」など、発言・行動する際のポジションという意味で使われている。もとは演劇用語で、舞台上での立ち位置（立つ場所のこと）から生まれたことば。

□ナマ足　いつ頃から、流行ったことば？

「ナマ足」は１９９０年代前半、女性週刊誌などが使いはじめ、１９９６年に素足にサンダルを履くスタイルが流行したことをきっかけに定着した。今では「素足」以上によく使われている。

□お手盛《ても》り

最初は、どんなものを〝盛った〟のか？

「お手盛り」とは、本来は、自分の手で、食器に好きなように食べ物を盛ること。そこから、自らの利益のため、勝手に取りはからうという意味が生じた。

□ベタ塗《ぬ》り

すきまなく、塗ることをこういうのは？

「ベタ」は、すきまなく、全体におよんでいる様子を表すことばで、ベタ塗り、ベタ一面、ベタぼめなどと使われる。「ベタ」は、「ひたすら」などの「ひた」が変化したことばとみられる。

□勝負服

もともと誰がどういう時に着る服だった？

もとは、競馬の騎手が競走時に着る服のこと。２０００年頃から、女性がデートや合コンにのぞむときの服という意味で使われはじめ、今ではほぼ定着している。一方、このことばの登場によって、「よそゆき」や「一張羅」が死語に近づいている。

□**金熊賞**《きんくましょう》　なぜ「金」の「熊」なのか？
ベルリン国際映画祭のグランプリに相当する賞。ドイツ語では「ゴルデナー・ベール」で、ベルリン市のマークが熊であることに由来する。もとがドイツ語だけに、英語でゴールデン・ベアと呼ぶわけにもいかず、日本では「金熊」ということばが使われるようになった。なお、「きんぐま」ではなく、「きんくま」と読む。

□**アラフォー**　「アラ○○」の言い方が定着したきっかけは？
２００８年のテレビドラマ『Around40』から広まり、同年の流行語大賞を受けた。60歳前後を意味する「アラ還」（Around 還暦）などと広がりを見せ、「アラ○○」という言い方は、ほぼ定着したとみていいだろう。

□**真逆**《まぎゃく》　改まった場で使ってはいけないって本当？
21世紀になってから登場し、「正反対」という意味で使われていることば。２００４年、流行語大賞の候補になった頃から、使用回数が急増し、２００８年からは一部の辞書に掲載されている。ただし、今でも「いい大人が使うのはいかがなものか」と見る向きもあり、少なくとも改まった場や文章での使用は避けたほうがいい。

□まったり　もともとどんな状況で使っていた？

１９８０年代後半のグルメブームの頃から、まずは「まろやかで、こくのある味」という意味で使われはじめ、90年代には「くつろぐ」という意味でも使われるようになったことば。ことばとしては古くから存在し、古語の「全《また》い」（欠けたところがないという意）が変化して「まったり」となったとみられる。

◉昔からあるようで意外に新しいことば

□腹をくくる　実は意外に新しいことば⁉

このことばを「新しいことば」というと、奇異に思う人も少なくないだろう。ところが、意外に新しいことばで、辞書が載せはじめたのは、１９８０年代になってからのこと。それ以前から「腹を据える」「高を括《くく》る」ということばはあったので、それらの慣用句が混用・混同されるなかから派生、いつのまにか定着していたとみられる。

□温度差　いつのまに辞書に載るようになった？

「対応には、各国で温度差がある」などと、比喩的に、熱の入れ方が違うことの形容に用いられることば。この意味での使用例が増えはじめるのは、１９８０年代後半のことで、21世紀初頭から辞書に載りはじめた。今では、「温度差がある」は成句として定着したといっていいだろう。

□虎《とら》の穴《あな》　厳しく訓練をする場をこう呼ぶのは？

これは、古くから使われてきた成句ではなく、昭和40年代にヒットした漫画・アニメの『タイガーマスク』に由来する。主人公が過酷な訓練を受けた組織の名が「とらの穴」だったのだ。その後、スポーツ新聞などで、事実上の成句として使われてきた。

◉〝謎のひらがな〟が登場することば①

□行《い》きしな

「しな」には、どんな意味がある？

「行きがけ」という意味。「〜しな」は動詞について、「するついで」という意味を表す接尾語で、「寝しな」「起きしな」「帰りしな」などと使われる。

□田舎《いなか》っぺ

「ぺ」って、どういう意味？

もとは「田舎兵衛」と書き、それが変化したとみられる。「田舎兵衛」は、田舎者を人の名前のように表して、バカにするためのことば。「飲兵衛」「助兵衛」などと同様。

□命からがら　「からがら」って何？

命だけは何とか失わずに、という意味。「からがら」は「辛々」と書き、「辛し」の語幹を繰り返したことば。他の形容詞も、語幹を繰り返すと強調表現になることが多い。青々、黒々、寒々、恐々《きょうきょう》など、その例は多数ある。

□現なま　お金のことを「なま」と呼ぶのは？

江戸時代、上方で、給与のことを「生《しょう》」と呼んだことに由来するとみられる。現物支給に対して〝生の現金〟という意味だった。その「生」がナマと読みかえられて、「現なま」ということばが生まれたとみられる。

□なまじっか　「じっか」って、どういう意味？

「生＋強いる」で「なまじい」となり、「なまじっか」はその変化形。中途半端なさまを意味し、「なまじっかのことでは」が定番の使い方。

□**一緒《いっしょ》くた**　「くた」って何のこと？

ゴミを意味する「芥《あくた》」が略され、「くた」になったとみられる。「がらくた」の「くた」も同様。

□**どんぴしゃ**　「ぴしゃ」って何のこと？

「ぴしゃ」は、「ぴたり」や「ぴったり」が変化したことば。「どん」は「ど」と同様、強調の接頭語で、「どん詰まり」などと使われる。

◉“謎のひらがな”が登場することば②

□**鬼ごっこ**　「ごっこ」って何のこと？

「鬼ごっこ」は「鬼事」の転という説が有力。この「事」は、「祝い事」などというように、儀式という意味がある。民俗学的には、「追儺《ついな》」（鬼に扮した者が登場する儀式）が子どもの遊びに変化したものが、「鬼ごっこ」ではないかとみられている。

□できっこない　できっこの「こ」の意味は？

もとは「できることがない」で、「できっこ」の「こ」は、「こと」の転とみられる。「こと」から「こ」への簡略化は他のことばでもみられ、「ありっこない」は「あることがない」からの変化、「あいこでしょ」の「こ」は「あうことでしょ」の変化。

□とりかえっこ　この「こ」の意味は？

「こと」が「こ」に略されるパターンは、名詞にもよく現れる。にらめっこ、かわりっこ、なれっこ、などはこのパターン。また、「こ」は擬態語につくことも多く、どんぶらこ、ぺしゃんこ、めちゃんこ、など。なお、わんこ、にゃんこ、ありんこの「こ」は、「こと」の略ではなく、「子」で、多少はもとのことばの意味が残っている形といえる。

□これ見よがし　「がし」って、どういう意味？

「がし」は接尾語で、命令形について願望を表す。「見よがし」は、もとは「これを見てほしい」という願望を意味したことば。

□頭ごなし　「ごなし」って何のこと?

この「ごなし」は、「軽くあしらう」という意味の「こなす」に由来する。一方、この語の「頭」は、体の一部の頭という意味ではなく、「最初から」という意味。合わせて、「最初から、人の言い分を聞くこともなく」という意味になる。

◉"謎のひらがな"が登場することば③

□ぶっちぎる　「ぶっ」には、どんな意味がある?

「ぶっ」は、動詞を強調する接頭語だが、やや粗暴なニュアンスを含み、俗語・隠語によく使われる。ぶっ倒す、ぶったまげる、ぶっぱたくなど。「ぶっちぎる」は当初、競輪界で使われていたことばが、一般に広まったもの。

□**暗がり**　「がり」の意味は？

「がり」は、形容詞について名詞をつくる接尾語。広がり、寒がり、怖がりなどと使われる。場所を意味する「処在」の転という説があるが、はっきりしない。

□**か細い**　この「か」の意味は？

この「か」は接頭語で、形容詞の意味を強調する効果をもつ。「か弱い」の「か」も同様。また、「た」も形容詞の接頭語としてよく使われ、「たやすい」「たなびく」など。

□**燃《も》えさし**　「さし」って何のこと？

漢字では、燃え差しではなく、「燃え止し」と書く。食べさし、飲みさし、読みさし、作りさし、などの「さし」もこの「止し」で、動作や作業を途中で止めることを意味する。

□**身じろぎ**　「じろぎ」って、どういう意味？

古語に「しろく」という、「小さく動く」という意味の動詞がある。「身じろぎもしない」

はその否定形で、「身（体）を小さく動かすこともない」という意味。

◉"謎のひらがな"が登場することば④

□**瘦《や》せっぽち**　「ぽち」って何のこと？
「瘦せ法師」と、瘦せていることを擬人化したことばの転とみられる。「法師」は形容する語を擬人化するときにときどき使われる。「ひとりぽっち」「影法師」など。

□**酔《よい》どれ**　「どれ」って何のこと？
この「どれ」をめぐっては、「酔い倒れ」の音変化という説。あるいは、「酔いつぶれ」の転という両説がある。

□**飲んだくれ**　「だくれ」って何のこと？
「〜たくれ」は、「へったくれ」など、罵りことばをつくるときの接尾語。同様に、「たれ」も、罵りことばをつくる接尾語で、馬鹿たれ、あほたれ、糞ったれ、しみったれなどと使われる。ただし、双方とも、その語源ははっきりしない。

□平《へい》ちゃら

「ちゃら」って何のこと？

「ちゃら」は、軽さやいいかげんさを表す接尾語で、「平ちゃら」は平気であることを強調した語。また、「べんちゃら」といえば、無責任なお世辞のこと。「ちゃら」は接頭語としても使われ、「ちゃらかす」「ちゃらける」といえば、「ふざける」という意味。

□葉《は》っぱ

「ぱ」って何のこと？

日本語では、一音や二音の短いことばには接尾語をつけて、長くする傾向がある。根っこ、端っこ、隅っこ、先っぽ、片っぽ、横っちょという具合だ。こうすることには、ことばの調子を整えるとともに、同音のことばとの混同を避けるという実用的な意味もある。たとえば「葉」の場合も「歯」との混同を避けるため、「葉っぱ」というようになったとみられる。ただし、この項で紹介したような〝接尾語付きのことば〟は、あくまで口語用であって、文章での使用は避けたい。漢字で書けば混同を防げるので。

□言わずもがな　「もがな」って何のこと？

「もがな」は、願望を表す終助詞。「言わず＋もがな」で、言わないほうがいい↓言うまでもない、という意味になる。

□うがい　「鵜飼」との意外な接点とは？

口の中をすすぐこと。「鵜飼」が語源で、口をゆすぐさまを、鵜が飲み込んだ魚を吐き戻すさまに見立てたことば。

□おみくじ　「おみ」って何のこと？

おみくじの「お」「み」は、ともに接頭語で、御籤《みくじ》にさらに「御」がついた形。つまりは「御御籤」。「御神籤」とも書く。

□ぞろ目　「ぞろ」って何のこと？

「ぞろ目」は、「揃い目」か変化したことばとみられる。2個のさいころを振って同じ数が出ることで、1が揃うとピンゾロで、「ピンゾロの丁」などと使う。

□ボール紙　このボールは球のことではない！

「ボール紙」のボールは、球ではなく、ボード（板）のこと。英単語の最後につく「d」は、日本人の耳には聞き取りにくいので、明治時代、このタイプの紙が入ってきたとき、日本人側の聞き誤りから、厚手の紙を意味する「ボール紙」ということばが生まれた。

□大まか　「まか」って何のこと？

「細か」は、正しくは「こま＋か」だが、「こ＋まか」と間違って分け、その対義語として「おお＋まか」というようになったという説がある。

Step5

「カタカナ語」の本当のルーツを知っていますか

1 あのカタカナ語のルーツに、そんな〝物語〟があったのか

◉身近なカタカナ語の意外すぎる語源1

□テロップ……現在では、「テレビ画面に映し出される文字」という意味で使われているが、もとは「テレビカメラを通さないで、直接、テレビ画面に文字などを映し出すための装置のこと」で、テレビジョン・オペーク・プロジェクターの略語。オペーク(opaque)とは「不透明な」という意味。

□ソムリエ……もとは、宮廷内で荷物運搬を取りしきる者のこと。それが、宮廷の食事とワインの管理者という意味に変化し、フランス革命後、ソムリエが宮廷を離れてレストランなどで働きはじめ、この職業名が広く知られることになった。

□**サンデー**……当初は、日曜日に売られていたことに由来するとみられる。ただし、綴りはSundayではなく、sundae。「日曜日」を意味する単語と、綴りが違うのは、安息日でもあるSundayと表記することを避けたという説が有力。

□**メゾン**……日本では「メゾン○○」など、マンション名に使われることばだが、もとはフランス語で、家や住宅を意味する。なお、同じようにマンション名に使われる「カーサ」は、スペイン語とイタリア語で、やはり家や住宅を意味することば。

□**パーサー**……旅客機の客室乗務員の責任者。財布を意味するpurseに由来し、「財布を預かる人」という意味から、船の事務長の意味で使われてきた。旅客機の登場とともに、飛行機内で働く人も意味するようになった。

□**ジャックナイフ**……折り畳み式のナイフ。ジャック（隠語で、水兵や船員を表す）がロープを扱うときに使ったことから。

□**ボストンバッグ**……ファスナーで開閉する大きめのカバン。アメリカの名門ボストン大学の学生が、本などを持ち歩くために使ったことに由来する。日本には大正時代に入ってきて、おもに旅行用として広まった。

◉身近なカタカナ語の意外すぎる語源②

□**ジングルベル**……クリスマスの定番ソング『ジングルベル』。「ジングル」は、ほかではあまり耳にしない単語だが、jingle は動詞で「ベルを鳴らす」という意味。

□**ニス**……塗料の一種。オランダ語の vernis を音訳して、当初は「ワニス」と呼んでいたが、後に日本製を「和ニス」、輸入物を「洋ニス」と呼ぶようになり、その総称として「ニス」が使われるようになった。

□**タンクトップ**……袖無しシャツのこと。このtankは水槽を意味し、もとはプールで着る水着の上部（top）という意味。

□**ソテー**……肉や野菜を炒めること。とりわけ、フランス料理では、「ソテー」は油やバターで炒めること。「ポワレ」は表面に焦げ目がつくくらい、こんがり焼くこと。「ムニエル」は表面に小麦粉をつけて、焼くことを意味する。

□**バザー**……バザールは、市場を意味するペルシャ語。それが、英語では「bazaar」（バザー）になった。日本では、バザールは市場、バザーは慈善市という意味で使い分けられている。

□**ヒッチハイク**……ハイク（hike）は、歩くという意味。ヒッチ（hitch）は、ロープなどでひっかけるという意味で、車を引き止めることを、牛馬をロープで引き止めることにたとえたことば。

□**マフラー**……「包む」という意味のmufflerに由来する。「襟巻き」は首を包むものであり、「消音器」は音の出る部位を包んで音をおさえる。「包む」ことが共通していることから、英語では同じ名前になった。

□**ドラム缶**……円筒形の大型容器のことで、drum（打楽器）に形が似ていることに由来する名前。比較的新しい入れ物で、１９０３年、アメリカ人女性のネリー・ブライによって考案された。

□**チャルメラ**……屋台の中華そば屋が吹く楽器。ポルトガル語に由来し、16世紀に現在のチャルメラに似た管楽器が伝来したと伝えられる。

◉日本人が知らないカタカナ語の大誤解

□（アイスクリームの）コーン……この「コーン」をとうもろこし（corn）のことだと思ったら大間違い。こちらの綴りはconeで、「円錐」という意味。なお、道路上などに置いて仕切りにする赤い道具も、円錐形であるところから、「コーン」と呼ばれている。

□バックスキン……革の「裏側」という意味ではない。この「バック」は、裏側を意味するbackではなく、buckと綴り、雄鹿のこと。手袋や靴に使われる高級な鹿皮を意味する。

□ハリウッド……「聖なる林」という意味ではない。ハリウッドはHollywoodと綴り、Hollyは柊《ひいらぎ》のこと。「聖なる」を意味するholyとは関係ないのだが、ハリウッドのことを漢字で「聖林」と書くのは、Hollyとholyを混同した間違いに端を発するとみられる。

□**アフターケア**……アフターケアは、病後の健康管理を意味することば。購入後の品質保証を意味するアフターサービスとは意味の違うことばなので、「この製品はアフターケアが充実している」などと使わないように。

□**ランプウエー**……高速道路の進入口を意味する「ランプ」はrampと綴り、坂道という意味。高速道路の出入口は坂道になっていることが多いので、こう呼ぶ。このランプをlamp（電灯）と思う人がいるのは、rとlを区別できない日本人特有の〝悲劇〟といえる。

□**ダイエット**……もとの意味は「食事制限」によって適正体重に近づけることであり、「運動」という方法は含まない。ところが、今の日本では、食事制限や運動によって〝痩せる〟という意味に使われているのは、ご存じのとおり。

□**コング**……キングコングの「コング」は、デンマーク語で「王」を意味することば。大型の類人猿を意味しているわけではない。

◉他人に話したくなることばの由来

□**コスプレ**……1970年代後半、東京の大田区産業会館で同人誌の販売会が開かれていた。そこで、アニメのキャラクターに扮することを、コスチュームプレーを略して「コスプレ」と呼びはじめたという説が有力。なお、「大田区」は、ローマ字で書くと、Otakuで「オタク」と同じになる。それもあって、隠れたオタクの聖地。

□**ガソリン**……ベルギーの化学者ファン・ヘルモントの造語。gasolineはgas＋ol＋ineという組み合わせで、gasは気体、olは油、ineは化学製品であることを表す。なお、ベンジン（benzin）は、ドイツ語でガソリンのこと。

□**ポンプ**……水揚げ装置のこと。pompと綴るが、ポムポムという音に由来する。英語、ドイツ語、フランス語のいずれでも、ほぼ同形の擬音語に由来することば。

□**アルツハイマー病**……1906年、ドイツの精神科医、アロイス・アルツハイマーが、記憶力が低下する症例を発表。その症例が後にアルツハイマー病として認知されることになり、彼の名が病名として使われることになった。

□**エスペラント**……「エスペラント」は、ポーランドのザメンホフがつくりだした人工言語。彼がこのことばを発表したときのペンネームが「エスペラント」で、「希望」という意味だった。それが、後に言語全体の名前になった。

□**アロマテラピー**……「アロマ」は香り、「テラピー」は療法で、フランスの科学者の造語。ことば自体は1930年代につくられたのだが、一般に広まったのは、その半世紀以上も後のこと。

□**サルモネラ菌**……病原性の腸内細菌の一種。この菌を発見したアメリカの獣医サーモンの名に、ラテン語で「小さなもの」を意味する接尾語 ellaa をつけてつくられたことば。

□**ショットバー**……「ショット」は、小さなグラスを意味するショットグラスの略。英語では、one-shotbar といい、「ショットバー」はそれを略した和製英語。

□**ロールスロイス**……イギリスの高級車メーカー。自動車メーカーの名には、ポルシェ、フェラーリなど、創業者名が使われていることが多いが、この社も同様。ただし、一人ではなく、二人の名をつないだもので、創業者のチャールズ・ロールスとフレデリック・ロイスの二人の姓に由来する。

□**イーハトーヴ**……「岩手」という意味のエスペラント語からの命名とみられる。宮沢賢治が童話の舞台にした世界。彼の心象に存在した理想郷といえる。

□**クラフト紙**……語源は、ドイツ語の kraft で、「力」という意味。丈夫な紙で、力をかけても破れることなく、紙袋や包装用紙、ガムテープなどに使われている。

□**フェーン現象**……フェーンは、もとはドイツ語で、アルプスを越えて平地へ吹きつける「南風」を意味することば。吹き下ろすとき、温度が上がり、平地に熱波をもたらす。

□**クレムリン**……かつてのロシア帝国の宮殿であり、ソ連時代は共産党の代名詞、今はロシア政府を表すことば。ロシア語で「城砦」を意味することばに由来する。

2 〈ジャンル別〉あのカタカナ語の一番いい使い方

◉ファッションをめぐることば

□**アオザイ**……ベトナムの女性用の伝統衣装。ベトナム語で「アオ」は服、「ザイ」は長いで、「長い衣服」という意味。真っ白なアオザイが正装とされる。

□**ローファー**……英語で怠け者という意味のことば、loafer に由来する。紐がないので、手間をかけることなく、かんたんに履けることから。

□**シュシュ**……chouchou と綴る。女性が髪を束ねるのに使うもので、筒状の布の内部にゴムを通してある。もとはフランス語で「お気に入り」という意味。

□**ダッフルコート**……「ダッフル」はベルギーの町の名前で、まずその町産の厚手の生地が、「ダッフル」という名で防寒具用に使われることになった。イギリス海軍がそれを防寒具に採用し、第二次世界大戦後、大量放出したことから、日本を含めた世界に広まった。

□**アスコットタイ**……幅広のネクタイ。「アスコット」は、イギリスの名門競馬場の名で、同競馬場で観戦する際、貴族や富裕層がこのタイプのネクタイを着用したことから、この名がついた。

□**クールビズ**……夏のノーネクタイファッション。「クール+ビズ（bis）」の和製英語で、「ビズ」はビジネスの略語。2005年、環境省が提唱し、役所が広めようとしたことばのなかでは、珍しく定着した。

□**タトゥー**……南太平洋のソシエテ諸島のことばで、「叩く」という意味の語に由来する。入れ墨を彫るときに、肌を叩くことから。日本には、英語化した tattoo としてはいってきた。

◉芸術・スポーツのことば

□**チェロ**……大型の弦楽器のことだが、原語の cello はなぜか「小さい」という意味。もともと、ヴィオローネというコントラバスの原型になった大型楽器があり、そのやや小ぶりな楽器のことを、ヴィオローネに cello をつけて呼んでいた。やがて、その cello だけに略されて、日本では「チェロ」と呼ばれるようになった――という経緯がある。

□**トロンボーン**……イタリア語で「ラッパ」を意味する tromba に、「大きい」という意味の接尾語「～ one」がついたことば。一方、「トランペット」は、小さなラッパを意味する。

□**カンツォーネ**……イタリア語で、単に「歌」という意味。なお、「シャンソン」も、フランス語で単に「歌」という意味。

□**ウクレレ**……ハワイ語で「ウク」は蚤、「レレ」は跳ねるを意味する。「ウクレレ」の弦を細かくすばやく弾く指の動きが、まるで飛び跳ねるノミのようであることから、といわれる。

□**オカリナ**……イタリア語で「小さなガチョウ」という意味。ガチョウというよりも、鳩のような形をしているが。

□**ボサノバ**……ブラジル音楽の様式のひとつ。Bossa Novaと書き、ポルトガル語でNovaは新しい、Bossaはこぶや隆起を意味することばで、「新傾向」「新感覚」といった意味になる。

□**パルム・ドール**……カンヌ国際映画祭の最高賞。フランス語で「金の棕櫚《しゅろ》」という意味で、トロフィの形に由来する名。

□**ゲレンデ**……今は、スキーをするための坂のことだが、もとはドイツ語で単に「土地」や「地域」を表すことば。なお、スキー用語には、シュプール、ボーゲン、ストックなど、ドイツ語由来のことばが多い。

□**ノルディック競技**……ノルディック（Nordic）とは「北欧人の」という意味。クロスカントリー競技などのノルディック競技が北欧で発達したことから。今も冬季五輪のノルディック部門では、スカンジナビア三国がメダルをかっさらっていくもの。

□**タッグマッチ**……プロレスなどで、二人以上が1組となり、戦う試合形式。英語の tag match に由来し、tag はタッチするという意味。だから、「タッグを組む」など、「タッグ」をチームのような意味で使うのは、語源的にはヘン。

□**デビスカップ**……テニスの国別対抗戦。「デビス」は、第一回大会の開催に貢献したハーバード大学の学生D・F・デービスの名にちなむ。純銀製の優勝カップも、彼が寄贈したことから、「デビスカップ」と呼ばれる。

□**サーフィン**……サーフ（surf）は、海岸へ寄せては砕ける波のこと。それが、動詞化してingがつき、surfingとなった。gを〝きちんと〟発音したがる日本人が、なぜかこの語はサーフィングと発音しなかった。

□**ボランチ**……サッカーで、守備・攻撃の要となるポジション。volanteという、ポルトガル語で「ハンドル」を意味することばに由来する。

□**陸上競技のトラック**……陸上競技のトラックはtrack、貨物自動車はtruckで、綴りが違う。ただし、語源は同じで、ギリシャ語で「回る」や「輪」を意味する「トウトロス」に由来する。簡易鉄道車の「トロッコ」も、もとをたどればこの語に由来する。

□**バンタム級**……ボクシングの階級名だが、もとはニワトリの品種名。インドネシア原産のチャボに似ている小型のニワトリの「バンタム」種が、闘争心が強く、闘鶏に使われるところから、軽量級の階級名に。

□**バロンドール**……サッカーの年間最優秀選手に贈られる賞。フランス語で「黄金の球」という意味で、受賞者には、金色のサッカーボールのようなトロフィーが与えられる。

□**ラビット**……マラソンで先頭を走るペースメーカーのことを「ラビット」と呼ぶが、これはドッグレースに由来することば。ドッグレースでは、電動式のウサギの模型が先頭を〝走り〟、それをレース犬が追いかける。集団を引っ張って先頭を走るランナーを、その模型のウサギに見立てたことば。

◉歴史・地理のことば

□**シンドバッド**……アラビア語では固有名詞ではなく、「船乗り」という意味の普通名詞。なお、シンドバットではなく、シンドバッドなのだが、日本のアニメでは「シンドバット」という名で放送されたこともある。

□**スワヒリ語**……タンザニアやケニアの公用語。スワヒリとは「海岸」という意味で、東アフリカの海岸に近い地域で話されはじめたことから、この名になった。アラブ商人との接触が多かったことから、アラビア語からの借用語が数多く含まれる東アフリカの準共通語。

□**アダム**……神が最初につくった人間（男性）の名前。ヘブライ語で「人間」という意味。一方、最初の女性「イブ」は、同じくヘブライ語で、「生命」という意味。

□**快傑ゾロ**……覆面姿のヒーロー。アメリカン・コミックの登場人物。物語の舞台は、スペイン統治時代のカリフォルニアで、「ゾロ」とはスペイン語で「(オスの)狐」という意味。

□**アインシュタイン**……「アイン、ツヴァイ、ドライ」(1、2、3)というように、ドイツ語で「アイン」は「一つ」という意味。「シュタイン」は、ストーンと同様、「石」という意味。だから、アインシュタインとは「一つの石」という意味になる。

□**カルデラ**……calderaと綴り、スペイン語で「鍋」「釜」という意味。最初に、大西洋に浮かぶカナリア諸島の火山島の窪地がこう命名され、そこから、阿蘇山を含めて、火山の形態を表す用語になった。

□**ノートルダム寺院**……パリのシテ島に建つ大聖堂。「ノートルダム」は、フランス語で

「われらの貴婦人」という意味で、聖母マリアのこと。

□**ゴルゴタの丘**……イエス・キリストが十字架刑に処せられたエルサレムの丘。アラム語あるいはヘブライ語で、「頭蓋骨」という意味のことばに由来する。今は、Golgothaと綴り、ゴルゴダではなく、ゴルゴタと表記・発音するのが一般的。

□**アフリカ**……古代ローマ人は、カルタゴを滅ぼしたとき、アフリカ大陸に住む部族がカルタゴのことをAfriと呼んでいることを知った。そこから、古代ローマ人が命名した。「洞窟に住む」という意味だったとみられる。

Step6

ことばの由来がわかれば、「大人の日本語」もこわくない

1 由来を知ることで、故事成語はすっきりわかる！

◉ニュアンスまで、きちんとおさえたいことば

□**牛のよだれのような**　単に「長く続く」という意味ではない

牛が口の中によだれをたくわえ、だらだらとこぼしている様子から、生まれたことばだが、単に「長く続く」ことではなく、「細く長く続く」というニュアンスを含む。「商いは牛のよだれ」という形で使われることが多いが、これは商売は、牛のよだれのように〝細く長く〟を心がけるものであるという意味。

□**騎虎《きこ》の勢《いきお》い**　単に「勢いがよい」という意味ではない

走っている虎にまたがると、途中で降りたくても、降りると虎に食われてしまう。そこ

から、単に勢いに乗っているという意味ではなく、本来は「勢いに乗っているときは、止めるに止められない」という意味。「騎虎の勢いだ。こうなれば、行くところまで行くしかない」などと、半ば嘆息を込めて使うことば。

□首鼠両端《しゅそりょうたん》　いい意味？　悪い意味？

「首鼠両端」は、鼠が穴から顔を出して、左右（両端）をうかがう様子を意味することば。そうした鼠は、どちらの方向が安全かがわからないので、なかなか穴から出られない。そこから、「態度を決めかねる」「どっちつかずの態度を取る」という意味になった。

□他山《たざん》の石《いし》　「人の成功を参考にする」という意味ではない

人の〝失敗〟を教訓として、自分に役立てること。粗悪な石でも玉を磨く砥石《といし》としてなら使えることから、「他人の過ちも、自分を磨く参考になる」というたとえに用いることば。人の成功を参考にするときは「範《はん》にする」を使えばいい。「先輩の働きぶりを範といたします」など。

□ **眦《まなじり》を決《けっ》す**　どんな目つきのこと？
「眦」は目じり、「決す」は「裂く」という意味。「眦を決す」は、激しい怒りや並々ならぬ決意によって、「目じりが裂けるほどに、大きく目を見開く様子」を意味する。

□ **雀百《すずめひゃく》まで踊《おど》り忘《わす》れず**　なぜ「ほめことば」には使えない？
子供のころに習い覚えた習慣は、大人になってからも忘れないという意味。とりわけ、芸事や道楽を忘れないことを意味し、「雀百まで踊り忘れずというくらいで、彼の女癖の悪さは直らないね」などと、ネガティブな〝習慣〟に関して使うことば。

◉語源を知れば自信を持って使えることば①

□ **埒《らち》もない**　「埒」って何のこと？
「埒」は「枠」のことで、「常識の埒外《らちがい》」といえば、常識の枠の外にあるという意味。ただし、他の語源説もあって、年功序列、正しい筋道を意味する「臈次《ろうじ》」が「らっし」↓「らち」に変化したという説もある。

□雁《かり》の使い

これで「手紙」という意味になるのは？

「雁の使い」が手紙を意味するのは、次のような古代中国の故事にもとづく。前漢の蘇武が武帝の使者として匈奴を訪れたところ、捕らえられてしまった。蘇武は、南に渡る雁の足に手紙をくくりつけ、漢に便りしたという。雁は渡り鳥で、北から南へ渡っていく。蘇武がその雁に手紙を託したところから、「雁の使い」ということばが生まれた。

□桐一葉《きりひとは》

「桐」の葉でなくてはならないのは？

「桐一葉」は、「桐一葉落ちて天下の秋を知る」を略したことば。桐は、秋風が吹きはじめると、他の木に先がけて落葉する樹木。それによって秋の訪れを知ることができることから、「桐一葉」は、わずかな動きから、衰えの兆しを感じとることを意味する。

□波《なみ》の花《はな》　塩のことをこう呼ぶのは？

「波の花」は、もとは、波が白く泡立つ様子を花に見立てたことば。そこから、海に関係する白いものということで、塩も「波の花」と呼ばれるようになった。もとは、宮中の女房詞で、塩の「し」が「死」に通じることを忌み、こう呼ぶようになった。

□鬚《ひげ》の塵《ちり》を払う　この鬚は誰のヒゲ？

「鬚の塵を払う」は、臆面もないゴマスリのこと。出典は『宋史』で、参政（次官クラス）の位についた丁謂《ていい》が、宰相の鬚についた汁をふき取ろうとして、かえって怒られたという逸話に由来する。

□鬼籍《きせき》に入《い》る　どんな〝籍〟？

人が亡くなること。この「鬼」は霊魂のことで、「鬼籍」は死者の戸籍という意味。亡くなると、あの世の戸籍に入るという意味で、「鬼籍に入る」というようになった。なお、「鬼籍」は、仏教や民間信仰では、閻魔大王が持つとされ、死者の名や年齢が記載され、さらには生きている者の寿命も書かれているとされる。

◉語源を知れば自信を持って使えることば②

□月旦《げったん》

これで、人物評という意味になるのは？

「月旦」は、本来は「月初め」のことだが、「人物評」という意味もある。後者の意味を持つようになったのは、後漢の時代、許劭という人物が、〝月の初め〟に知識人を集めて、当世の人物評を行ったという故事による。

□嚆矢《こうし》とする

どんな矢のこと？

昔の中国の合戦では、開戦の合図として「嚆矢」が飛ばされた。「嚆矢」は、飛ばすとブーンという音が鳴り、その音を合図に戦いが始まったのだ。そこから「嚆矢」は物事の始め、起源という意味になった。

□干戈《かんか》を交《まじ》える

「干戈」って何のこと?

「干」は「たて」、「戈」は武器のほこ。「干戈を交える」は、たてとほこがぶつかりあうことであり、そこから戦う、戦争をするという意味になった。

□襟《えり》につく

これで「追従する」という意味になるのは?

昔、お金持ちは、衣装をたくさん持っているので、重ね着ができ、襟のあたりが分厚くなっていた。その「襟の温かさにつく」という意味で、「襟につく」は、利益目当てに金持ちや権力者にへつらうことを意味するようになった。

□気息奄々《きそくえんえん》

「奄々」とは、どういう状態?

「気息」は呼吸のこと。「奄」は「覆う」という意味で、「気息奄々」は息も絶え絶えで今にも死にそうな様子のこと。出典は『文選』で、蜀の滅亡後、晋の武帝に招かれた李密が、自分を育ててくれた祖母が「気息奄々」であることから、断ったという故事に由来することば。

□**茶毘《だび》に付《ふ》す**　「だび」とは何語？

「茶毘」は火葬のことで、パーリ語（タイなどで、仏典に使われたことば）の「ジャーピタ」を音訳したことば。なお「茶」は、「茶」とは違う漢字なので注意。

□**随喜《ずいき》の涙《なみだ》**　どんな涙のこと？

「随喜」は仏教語で、他人の善行に同感し、喜ぶこと。ただし、現在は、仏教を離れて、「心からありがたく思って流す涙」を意味する。

□**意趣返《いしゅがえ》し**　何を「返す」こと？

「意趣」は、もともとは心の趣き、意向という意味。ところが、だんだんと「恨み」という意味で使われるようになり、「意趣返し」で恨みを晴らす、復讐するという意味になった。

□秋波《しゅうは》を送《おく》る　秋の波で「色目」という意味になるのは？

「秋波」のもとの意味は、秋の川面に立つさざ波のこと。それが転じて、すずしい目元を表すようになり、やがて「秋波を送る」で、女性が色目を使うという意味になった。

□今業平《いまなりひら》　どんな美男子のこと？

この「業平」は、平安時代の歌人の在原業平《ありわらのなりひら》のこと。在原業平が美男子として有名だったことから、「業平」は美男の代名詞となった。「今業平」とは「現代の業平といえるほどのハンサム」という意味。

□グルになる　「グル」って何のこと？

悪事を行うため、仲間になること。一説には、同じ「輪」に入るという意味で、「グルグル」の略だという。また、ひとまとめにするという意味の「包《くる》める」に由来するという説もある。

□**筆《ふで》のすさび**　「すさび」って、何のこと？

この「すさび」は「荒び」ではなく、「遊び」と書く。「筆の遊び」は、気の向くままに、思い浮かぶことを書くこと。おもに、自分の文章を「ほんの筆のすさびです」などと謙遜するときに使うことば。

◉語源を知れば自信を持って使えることば③

□**琴柱《ことじ》に膠《にかわ》する**　どんな状態のこと？

琴を奏でるときには、「琴柱」を動かして音の高低を調節する。むろん、「琴柱を膠で固定する」と、音の調節ができなくなる。それが「琴柱に膠する」状態であり、「融通がきかない」という意味のことばになった。

□**内冑《うちかぶと》を見透《みす》かす**　どうすること？

「兜」は頭を守る防具であり、「内兜」はその兜の内側のこと。昔は、戦いで、兜からわずかにのぞく生身の頭を矢で狙い撃ちにすることを「内兜を射る」といった。そこから転じて、「内兜を見透かす」で「隠された事情を見抜いて、弱味につけこむ」という意味になった。

□六根清浄《ろっこんしょうじょう》

「六根」って何のこと？

修験者らは「六根清浄～」と声にしながら、山を登っていくもの。仏教では、眼・耳・鼻・舌・身・意の感覚を「六根」という。一方、「清浄」は清らかに浄化されることだから、「六根清浄」は、肉体の全感覚が汚れのない状態に達することを意味する。

□竹屋《たけや》の火事《かじ》

これで「口やかましく言う」という意味になるのは？

竹の節と節の間には空気が入っているため、竹が燃えるときは、節が弾け、ポンポンと音を立てる。そこから、「竹屋の火事」で「ポンポン口やかましく言う」という意味になった。

□鼎《かなえ》の沸《わ》くような騒《さわ》ぎ

どれくらいの騒ぎ？

「鼎」は、三本の足がついた食べ物を煮る容器。「鼎の沸くような騒ぎ」は、その器の中で湯や汁がグツグツと煮え返る様子に由来し、〝沸騰するような騒ぎ〟という意味。

□大風《おおかぜ》に灰《はい》をまく

そうすると、どうなる？

この「灰」は、ただの灰ではなく、肥料用の灰のこと。大風の日に畑に灰をまいても、灰は畑に落ちることなく、空中に舞い散ってしまう。そこから、「無益なことをする」という意味になった。

□寸鉄人《すんてつひと》を刺《さ》す

「寸鉄」って何のこと？

人を殺すには、短い刃物（寸鉄）で十分という意味で、そこから「短いことばで人の急所をつくこと」のたとえ。出典は中国の『鶴林玉露』という書物で、禅僧の大慧《だいえ》禅師が語ったことばとされる。

□**柳眉《りゅうび》を逆立《さかだ》てる**　なぜ男性には使えない？

女性、しかも本来は〝美人〟限定のことば。「柳眉」は、柳の葉のように美しく細い眉のことで、美人の眉を指す。それを逆立てるということで、美人がこわい形相をして、眉を吊り上げて怒る様子をいったことば。

□**目頭《めがしら》が熱《あつ》くなる**　熱くなるのは、鼻側？　反対側？

「目頭」は、目尻と反対で、鼻に近いほうの目の端のこと。深く心を動かして、涙が出そうになることを意味する。

◉そう〝書く理由〟はなんだろう？

□**牙城《がじょう》**　なぜ「牙」と書くのか？

立てこもるための根拠地のことで、この牙は「象牙」を意味する。昔の中国では、大将旗に象牙を飾り、「牙旗」と呼んだ。「牙旗」は大将のいる本拠地に掲げられたことから、

〝牙旗のある城〟という意味で「牙城」ということばが生まれた。

□**白兵戦《はくへいせん》**　なぜ「白」と書くのか？

刀や剣、槍などの武器を用いた接近戦のこと。この「白」は、何も施していない〝そのまま〟という意味。また、「兵」は兵隊ではなく、武器を意味する。

□**烏有《うゆう》に帰《き》す**　カラスとは関係あるのか、ないのか？

この「烏」はカラスという意味ではない。「烏有」は「烏《いずくん》ぞ有《あ》らんや」という意味で、まったくないこと、何もかもなくなってしまうこと。「財産が烏有に帰す」などと使う。

□**股肱《ここう》の臣《しん》**　「肱」って、どういう意味？

「股」は腿、「肱」は肘で、「股肱」には手足という意味がある。そこから、「股肱の臣」は、主君にとって自分の手足のように、頼りがいがある臣下のこと。

□中原《ちゅうげん》の鹿《しか》　「鹿」が象徴するものは？

「中原」は、中国の黄河中流域に広がる平原のこと。「鹿」は帝位を表す。出典は『史記』で、秦が滅びた後、群雄が天下を争う様子を、大勢の猟師が一頭の鹿を追う姿にたとえたことば。

□おくびにも出《だ》さない　漢字で書けますか？

ある事柄を心の奥に秘め、口に出したり、そぶりにも表さないこと。「おくび」は「噯」と書き、ゲップのこと。胃にたまったガスのことで、それを外に出さないでおくことから、本心を隠すという今の意味が生じた。

□おひれをつける　「御鰭」と書くと、間違いになる理由は？

事実でないことを付け加え、話を誇張すること。この「おひれ」は「尾鰭」と書き、魚の尾と鰭のこと。それらは、魚の体幹のいわば付属物といえ、そこから話の本体に余計なことを付け加えるという意味になった。

□いまわのきわ　漢字で書けますか？

漢字で書くと「今際の際」で、死ぬ寸前という意味。「今際」は「今は限り」の略で、もうこれ限り、これで終わりといった意味。「今際の際」は、重複表現のようにもみえるが、一種の強調表現と解釈されている。

◉あの〝謎の漢字〟の意味は何だろう？

□鬼《おに》の霍乱《かくらん》　「霍」って何のこと？

ふだんは病気をしたことのない人が、珍しく床にふせることのたとえ。「霍」には「にわか」という意味があり、霍乱は「にわかに乱れること」。そこから、漢方用語で、日射病や暑気あたりを意味する。病気とは縁がなさそうにみえる鬼が、病気を患うということで、珍しいという意味になった。

□縷々述べる《るるのべる》　「縷」って何のこと？

「縷々」は、こまごまと述べる様子を表すことば。「縷」は、細い糸のこと。それを重ねて、こまごまと述べるという意味が生じた。

□札付き《ふだつき》　どんな「札」のことをいう？

江戸時代、素行が悪い者や駆け落ちした者は、人別帳からはずされ、「無宿人」に落とされた。やがて、将来、人別帳からはずされそうな、素行の悪い者の名前に「札」をつけて、素行不良の者が一目でわかるようにした。それが、元祖の「札付き」。

□ピカ一《いち》　「ピカ」って何のこと？

花札には「光り物」と呼ばれる二十点札が5枚ある。あるルールでは、配られた札のなかに、光り物が一枚だけあり、残りの札がカス札のとき、「ピカ一」という役になる。そこから、「一つだけ傑出したものがある」ことを「ピカ一」という。

□**肝胆《かんたん》相照《あいて》らす**　肝臓と胆嚢で「肝胆」!?

「肝胆」は肝臓と胆嚢のことで、そこから「心の奥底」という意味になった。それを相照らすように、心の底まで打ち明け合ってつきあうこと。

□**糊口《ここう》を凌《しの》ぐ**　「糊口」って何？

「糊口」は、口に糊《のり》する、つまりは「粥をすする」という意味。そこから、どうにかこうにか生計を立てて、細々と暮らすという意味になった。

□**綸言《りんげん》汗《あせ》の如《ごと》し**　「綸言」って何？

「綸言」は天子のことば。体から出た汗が再び体内に戻ることがないように、天子のことばは、ひとたび口から出せば、取り消すことはできないという意味。

□**蒲柳《ほりゅう》の質《しつ》**　どんな「質」？

「蒲柳」はカワヤナギのことで、カワヤナギが弱々しいところから、ひよわで病気になりやすい体質を意味する。

◉ていねいに意味をおさえたい慣用句①

□断末魔《だんまつま》

なぜ苦しむ様子が「断末魔」なの？

死ぬときの苦しみのこと。「末魔」は、サンスクリット語のことばに漢字を当てたもので、人体の急所を意味する。「末魔」を「断」ち切られると、人は激痛に苦しんだ末、死ぬものと考えられていた。そこから、ひじょうに苦しむ様子を「断末魔」という。

□濡《ぬ》れ衣《ぎぬ》

どんな状況から生まれたことば？

無実の罪に問われること。一説には、昔の裁判で、神の意志を占うため、争う二人に〝濡れた衣〟を着せ、衣服が早く乾いた者を正しいとする判定法があった。すると、濡れたままの衣を着ている者は、たとえ無実であっても、罪を負わされることになった。

□発破《はっぱ》をかける

「発破」って何のこと?

激しいことばをかけ、気合いを入れること。「発破」は、もとは鉱山などで爆薬を使い、岩石を爆破すること。その激しさから、気合いを入れることを意味するようになった。

□奈落《ならく》の底《そこ》

「奈落」をひと言で説明すると?

悲運に見舞われることを「奈落の底に突き落とされる」などというが、もともと「奈落」は、サンスクリット語の naraka に由来し、地獄の底のこと。つまりは、世界中の底の底という意味になる。

□寝耳《ねみみ》に水《みず》

どんな状況から生まれたことば?

不意の出来事、知らせに驚くこと。「寝耳に水」のもともとの意味は、「寝ている間に、大水の出る音を聞いて驚く」という意味。今は、天気予報で、事前に知ることができるが、昔は突然大雨が降りだし、洪水も突然やってくるものだった。だから、就寝中に水の音を聞くと、たいへんに驚いたものだった。

□自腹《じばら》を切る　どうして「腹」なのか？

個人で金を出すこと。もとの意味は、文字どおり「切腹する」ことで、金を払わされる〝苦痛〟を、切腹の痛みにたとえた表現。

□賽《さい》の河原《かわら》　どこの河原のこと？

三途の川の河原のこと。この「賽の河原」という〝地名〟は、京都の鴨川と桂川の合流点にあった「佐比河原《さいのかわら》」という埋葬地の名に由来するとみられる。その後、賽銭箱の「賽」が当てられたのは、あの世とこの世の境界で、賽銭を投げる風習があったからともいわれる。

□青天《せいてん》の霹靂《へきれき》　なぜ「思いがけない出来事」の意味になる？

「霹靂」は雷のことで、「青天の霹靂」は、晴れた空に突然、雷が鳴るように、「思いがけないことが突然起こる」こと。南宋の詩人・陸游は、ある秋の日、病気で伏せていたのに、突然起きあがり、筆を走らせ、その勢いを「青天、霹靂を飛ばす」と表現した。つまり、もとは「勢いのよい筆運び」を意味することばだったのだが、やがて「思いがけない出来事」を意味するようになった。

□膏血《こうけつ》を絞《しぼ》る

「膏血」って何のこと？

「膏血」は人の脂と血のこと。そこから、脂汗や血を流すほどの苦労をして得た財産という意味でも使われる。「膏血を絞る」は、そのような苦労して得た財産を奪い取ること、とくに政府が重税を取り立てることを意味する。

□水を向ける

「誘導する」の意味になるのは？

相手の話をそれとなく誘導すること。この「水」は、呪術で使う水に由来する。巫女が神を呼び寄せ、自分の口を通じて語ってもらう「口寄せ」という呪術がある。それを行う際、巫女は水の上にシキミの葉を浮かべ、神へ差し向ける。そこから、「相手に話をさせるよう持ちかける」ことを「水を向ける」というようになった。

◉ていねいに意味をおさえたい慣用句②

□**おうむ返し**　もとは、和歌の用語

「おうむ返し」は、もとは和歌の技法。人の詠んだ歌の一部を変えて、すぐに返歌することをこう呼んだ。そこから、相手のことばの真似をして返答するという意味が生じた。

□**先陣争い**《せんじんあらそい》　最初に争ったのは、どんな人たち？

「先陣争い」は、源平合戦を通じて広まったことばで、最初に先陣を争ったのは、おもに源氏の侍たちだった。その時代の戦いは、侍が1対1で戦うのが基本であり、真先に敵と戦うことは、関東武士たちにとって最も名誉な行為とされた。

□**泡**《あわ》**を食**《く》**う**　なぜ「泡」なのか？

ひどくあわてるという意味。この「泡」は、「慌てる」の語幹の「あわ」にひっかけた

ことばとみられる。

□膝《ひざ》を打つ　打つのは股だが？

何かを思いついたときに「膝を打つ」というが、本当に打つのは股のあたりだ。そもそも、日本語では、膝と股の区分があいまいで、「膝掛け」（かけるのは股）、「荷物を膝の上にのせる」（のせるのは股の上）などと使われてきた。これは「膝」が場合によって脚全体を意味することと関係しているという見方もある。たとえば、『東海道中膝栗毛』の「膝栗毛」は〝膝で旅する〟という意味で、この場合の「膝」は脚全体を表している。

□東西東西《とうざいとうざい》　口上の最初にこういうのは？

芝居や相撲の口上は、「とざい、とーざい」という決まり文句で始まるもの。漢字で書けば「東西、東西」で、「東から西まで、静かに話を聞いていただきたい」という意味のことば。

□日下開山《ひのしたかいさん》　これで、横綱の意味になるのは？

「日下」は、天下という意味。「開山」の「山」は寺院を意味し、それを開いた者、開祖という意味だった。そこから、「日下開山」は、誰も到達したことがない境地に達した者という意味で、相撲の横綱を指すようになった。なお、このことばは「ひのしたかいさん」と濁らずに読み、キーボードで「かいさん」と打つと「開山」と出るが、「かいざん」と打つと「海山」と出るので、ご注意のほど。

□二足のわらじ　最初に履いたのは、どんな人？

江戸時代、博徒が十手を預かり、岡っ引きを兼ねることがあった。そこから、二つの仕事をもつという意味で、「二足のわらじを履く」というようになった。

□根《ね》掘《ほ》り葉《は》掘《ほ》り　「葉掘り」って何のこと？

「根掘り」は、木の根を全部掘り起こすこと。一方、「葉掘り」は、その語呂合わせで足されたことば。「根掘り葉掘り聞く」といえば、細かい点まで徹底的に聞き出すという意味。

□言《い》い出《だ》しっ屁《ぺ》　なぜ「屁」なのか？

屁をした者が、自分がしたとバレないように、最初に「臭い臭い」と言いはじめることから、このことばは生まれた。やがて、最初に提案した人を意味するようになった。

□焼《や》きが回《まわ》る　「焼き」って何を焼く？

頭の働きが鈍ったり、技術が衰えたりすること。刀鍛冶では、刃物を高温で熱した後、急速に冷やすことを「焼き入れ」という。その際、火が行き渡りすぎると、切れ味が落ちてしまう。その火が回りすぎた状態を「焼きが回る」と呼んだ。

□槍玉《やりだま》に上げる　「特定の人を非難する」という意味になるのは？

もとは、槍で突き刺したまま、高く突き上げること。そこから、大勢の中から特定の人物を標的にして、攻撃、非難することを意味するようになった。

◉ていねいに意味をおさえたい慣用句③

□詰腹《つめばら》を切る

「詰腹」って何？

もとは、強いられて、切腹すること。そこから、強制的に責任をとらされたり、辞職に追い込まれるという意味で使われている。

□人口《じんこう》に膾炙《かいしゃ》する

この「人口」は人の数のことではない

「膾」はナマス、「炙」はあぶった肉のこと。そこから、「人口に膾炙する」で、広く親しまれ、もてはやされることを意味する。この「人口」は、人間の数のことではなく、ものを食べる「人の口」のこと。

□頂門《ちょうもん》の一針《いっしん》

「頂門」ってどこのこと？

頭蓋骨の頂には、鍼《はり》を打つと効果的なツボがある。そこから、「頂門の一針」は、「急所を突く金言」を意味するようになった。

□**トップを切る**

トップは「切る」ものなのか？

「トップを切る」は、大正時代の終わり頃から使われ始めた表現。「トップ」は本来は、「トップを走る」や「トップに躍り出る」と使うものであり、「切る」ものではないが、トップを走ることと、ゴールでテープを切ることが結びついたとみられる。

□**本卦帰り《ほんけ》**

「本卦」って何のこと？

「本卦」は、自分が生まれた年の干支のこと。十干十二支の組み合わせは全部で六十種類あるため、数え年で六十一歳になると、生まれた年の干支に帰ることになる。それが「本卦帰り」であり、「還暦」でもある。

□**端倪《たんげい》すべからず**

「端倪」って何？

「端」は始まりで、「倪」は果て。初めと終わりがわからないことから、「はかり知ることができない」という意味になった。

□鎬《しのぎ》をけずる
「鎬」って何?

「鎬」は、刀の刃と峰のあいだの盛り上がっている部分。そこが削れるほどに、激しく斬り合うことから、激しく争うことを意味する。

□驥《き》尾《び》に付《ふ》す
「驥尾」って何?

「驥尾」は駿馬の尾のことで、後に続く者が駿馬の尾に捕まるかのように、すぐれたリーダーに従うという意味。

2 歴史と伝統の中で生まれたことば

◉さりげなく使いたい教養の故事成語①

□当《あ》たらずといえども遠《とお》からず　意外に歴史のあることば？

俗っぽい印象があることばだが、じつは中国の儒書『大学』にある「心誠に之を求むれば中《あた》らずと雖《いえど》も遠からず」ということばに由来する。「真心で行えば、完全に成就できないまでも、ほぼ達成できる」という意味で、もとは真心の大切さを語ったことば。

□一将功成《いっしょうこうな》りて万骨枯《ばんこつか》る　どの〝戦争〟の話？

唐の末期は、政治が乱れて、戦乱が続発した。このことばは、その時期、曹松が詠んだ漢詩に由来する。一人の将軍が名をあげる陰には、多数の無名の兵士の犠牲があるという意味。

□水魚《すいぎょ》の交《まじ》わり　「水」は誰で、「魚」は誰？

親密な間柄のたとえ。蜀の劉備が三顧の礼をもって諸葛孔明を迎えたのち、旧臣らが二人の親密すぎる交際ぶりに不平を唱えた。すると、劉備は「自分に孔明があるのは、魚に水があるようなもの。不平を口にしないでくれ」と言ったという。だから、水は諸葛孔明で、魚は劉備ということになる。

□鎧袖一触《がいしゅういっしょく》　この「鎧」は、誰の鎧？

鎧の袖が少し触れるくらいで、敵を打ち負かすこと。このことばは、中国故事ではなく、日本の源平合戦の時代の故事による。1156年、保元《ほうげん》の乱の際、源為朝《ためとも》が「平清盛の如きは、私の鎧の袖がひとたび触れなば、自ら倒れんのみ」と豪語したという故事に由来する。ところが、保元の乱は、平清盛の側の勝利に終わり、源為朝は二度と弓を引けないように腕の筋を斬られ、流されたという。

□木《き》に縁《よ》りて魚《うお》を求《もと》む

誰のことば？

方法を誤ると、目的を達成できないこと。孟子が斉の王に対し、「武力で天下を治めようとするのは、木に縁りて魚を求むるが如し」と説いたという故事に由来する。

□雌雄《しゆう》を決《けっ》する

誰がそうしたいと言った？

勝敗を決めること。楚の項羽が「願わくは、漢王（劉邦）に戦いを挑み、雌雄を決せん」と語ったという『史記』にある話に由来することば。

□少年《しょうねん》よ大志《たいし》を抱《いだ》け

この後、どう続く？

札幌農学校の創設者だったクラーク博士のことば。この名セリフ、ボーイズ・ビー・アンビシャスの後は、「for the attainment of all that a man ought to be」と続く。つまり、全体では「少年よ、そうあれと思うすべてのことを成し遂げるために貪欲であれ」という意味で、「少年よ大志を抱け」とはかなりニュアンスの違うことば。

◉さりげなく使いたい教養の故事成語②

□大山《たいざん》鳴動《めいどう》して鼠《ねずみ》一匹《いっぴき》　〝中国風〟だが、もとは西洋のことわざ⁉

古代ローマの詩人ホラーティウスの「山々が産気づき、滑稽なハツカネズミが生まれる」ということばに由来するという説が有力。日本には、16世紀に伝来したイソップ寓話から、取り入れられたとみられる。大山を「泰山」と書くこともあるが、中国の泰山を指しているわけではない。

□血で血を洗う　こんな怖いことは言ったのは誰？

残虐な行為に対し、残虐な行為で報復すること。『唐書』にあることばで、唐の徳宗がウイグルに使者に送ったとき、ウイグル王は「唐はわが国の者を殺し、国の者は唐の使者を殺せというが、私は殺さない。使者を殺せば、血で血を洗うようなもので、ますます汚れてしまう」と語ったという故事に由来することば。

□天知《てんし》る、地知《ちし》る、我知《われし》る、子知《しし》る

いったい何を知ったのか？

悪事は、二人だけの秘密にしようとしても、必ず露見するという意味。後漢の楊震が太守となったとき、ある町長が「誰も気づきませんよ」と言ってワイロを差し出したが、楊震は「天知る、地知る、我知る、子知る。何をか知るなしといわんや」と言って断ったという故事に由来。「子知る」は「あなたも知っている」という意味。

□百年河清《ひゃくねんかせい》を俟《ま》つ

この河は、どこの河？

いくら待っても実現しないことのたとえ。『春秋左氏伝』に、「河（黄河）の水が澄むのを待っても、人の寿命は短く、待ちきれない」とあるのに由来することば。黄河は、黄土高原からたえず土砂が流れこんで、その名のとおり、たえず黄色く濁っている河。

□枕《まくら》を高くして寝る

そうして寝たのは誰？

安心して眠ること。『史記』などに、策士が王に対して「楚と漢から攻撃される心配がなくなれば、王は枕を高くして眠ることができるでしょう」と語ったという故事に由来することば。

□目には目を、歯には歯を　　どうしてここまで有名になった？

もとは、ハムラビ法典（紀元前18世紀に成立）にあることばなのだが、それが『新約聖書』に引用されてから、さらに有名になったことば。イエス・キリストは山上の垂訓で、「目には目を、歯には歯をと教えられてきた。しかし、私はいう。悪人に逆らってはいけない」と、このことばを否定した。そして「人があなたの右の頬を打つなら、左の頬も向けなさい」という有名なことばを続けている。

◉なにげなく使うと、一目置かれる故事成語①

□両雄《りょうゆう》並び立たず　　元祖の「両雄」は、誰と誰？

英雄が二人いると、戦うことになり、どちらかが倒れることになるという意味。漢の劉邦が楚の項羽に攻められて、苦戦しているとき、側近が「両雄は倶《とも》には立たず」と進言したという『史記』にある故事に由来することば。だから、元祖の「両雄」は項羽と劉邦。

□累卵《るいらん》の危《あや》うき

そんなに危なかったのは？

累には「かさねる」という訓読みがあり、「累卵」は卵を積み重ねるほど、きわめて危険な状態にあることのたとえ。『史記』には、「秦の国は、累卵よりも危うし。臣を得ば則ち安し」（現在の秦の状態は、卵を累ねたように危うい。私を臣として採用すれば、安定させられる）と自分を秦王に売り込む者の話が出てくる。それに由来することば。

□酒《さけ》は百薬《ひゃくやく》の長《ちょう》

もとは中国の古代政府の宣伝コピー⁉

漢の王莽《おうもう》の「それ塩は食肴の将、酒は百薬の長、鉄は田農の本」ということばに由来する。このフレーズは、塩、酒、鉄を専売にするという政策の〝宣伝コピー〟。そのことばの一部が、「酒はなによりの薬」という意味で、二千年間も生き残ってきた。

□百聞《ひゃくぶん》は一見《いっけん》に如《し》かず

「一見」の具体的な中身とは?

漢の宣帝の時代、漢と羌《きょう》が戦っていたとき、漢の趙将軍はすでに70歳をこえる高齢だった。そこで、宣帝は後継者を指名するように求めるが、将軍は自分が適任といいはる。そして、宣帝が作戦について質問したところ、将軍は「百聞は一見に如かず。現地に行ってから考えます」と答えたという故事に由来する。

□掣肘《せいちゅう》を加《くわ》える

肘をどのように使うこと?

『呂氏春秋』の故事に由来。孔子の弟子が魯の哀公をいさめるために、哀公派遣の役人の肘を引っ張り、報告書を書く字を乱れさせた。その逸話から、人に干渉し、自由な行動を妨げることを「掣肘を加える」というようになった。

□宋襄《そうじょう》の仁《じん》

これで、よくない意味になるのは?

春秋戦国時代、宋の襄公が楚の軍と川をはさんで対峙したとき、敵はまだ布陣が整っていなかった。参謀は「今が好機」と総攻撃を提言するが、襄王は「卑怯な真似をしたくない」と、敵が陣を整えるのを待った。結果は、宋の大敗。この故事から、「相手に無用な情けをかけること」を「宋襄の仁」というようになった。

◉なにげなく使うと、一目置かれる故事成語②

□顰《ひそ》みに倣《なら》う　「ひそみ」って何のこと？

出典は『荘子』。「顰み」は顔をゆがめることで、あるとき、美人で有名な西施が、胸が痛むので、顔をゆがめて歩いていた。それを見た村一番の醜女が、西施を真似て歩いたところ、村人たちは驚き、逃げ散ったという。そこから、「顰みに倣う」は「下手に真似をして、失敗すること」を意味するようになった。

□破鏡《はきょう》　鏡が割れることが「夫婦の破局」を意味するのは？

中国の『神異経』という書物によると、ある夫婦が離れ離れに暮らすことになったとき、一枚の鏡を二つに割り、各自一片ずつ持って、貞操の誓いとした。ところが、妻は誓いを破ってしまう。すると、妻の鏡は、鵲《かささぎ》となって夫のもとに飛び、夫は妻の不貞を知ることになったという。この話から、「破鏡」は夫婦別れを意味する。

□殷鑑遠《いんかんとお》からず　何が〝遠くない〟のか？

殷王朝は、紂王《ちゅうおう》が暴政によって民心を失い、周の武王に滅ぼされた。殷のすぐ前の王朝は夏だったのだが、その夏の桀王も悪政によって国を滅ぼしていた。殷の紂王は、悪い例がすぐ近くにあったのに、同じ轍《てつ》を踏んだのである。そこから、「悪い手本（鑑）は、すぐ近くにある」ことを意味する「殷鑑遠からず」ということばが生まれた。

□妲己《だっき》　どんな女性をいう？

殷の紂王は残虐の限りを尽くした王だったが、「妲己」はその紂王のかたわらにあって、残酷な行為を眺めて楽しんでいたという后の名。そこから、「妲己」は悪女、毒婦の代名詞となった。

◉いつでも出せるようにしておきたい故事成語

□塗炭《とたん》の苦《くる》しみ

この「塗」には、どんな意味がある？

「塗」は泥水、「墨」は炭火のことで、泥水を浴びせかけられたり、炭火で焼かれるような、苦しみのこと。出典は『書経』で、夏の傑王の行状について書かれた「有夏昏徳にして民塗炭に墜つ」ということばに由来する。傑王の時代、人々は泥にまみれ、炭火で焼かれるほどの苦しみを味わったという意味。

□断腸《だんちょう》の思《おも》い

最初に〝断腸の思い〟をしたのは？

「断腸の思い」は、たいへんにつらい思いのことで、中国の逸話集『世説新語』の話に由来する。東晋の桓温という武将が三峡を船で渡ろうとしたとき、従者が猿の子を捕まえ、船に乗せた。すると、母猿が子猿を取り返そうと、船の後を追いかけてきた。母猿は百里ほど走って追いつき、船に飛び移ってきたが、そこで息絶えた。その母猿の腹を割いたところ、腸がズタズタに断ち切れていたという。そこから、腸がちぎれるほどにつらいことを「断腸」というようになった。

□**馬耳東風**《ばじとうふう》　西の風ではなく、東の風であるわけは？

中国では、東風は春の訪れを告げる風。人々にとっては、まことにうれしい風なのだが、馬は東風が吹いても、喜びもせず、何も感じない。そこから、人の意見に耳を傾けず、聞き流すという意味が生じた。李白の漢詩に由来することば。

□**一網打尽**《いちもうだじん》　最初に捕まったのは誰？

『宋史・仁宗紀』を出典とする四字熟語。仁宗の時代、宰相の杜衍《とえん》の親族が公金を流用して宴会を開いていたところ、捕り方に踏み込まれて、全員捕まったという故事に由来する。

□**切磋琢磨**《せっさたくま》　どんな努力のしかたをいう？

仲間同士が競い合い、学問や技芸を磨くこと。出典は『詩経』で、衛の武公をたたえた

「如切如蹉　如琢切磨」という一節に由来する。意味は、「(細工師が) 玉を切ったり蹉《と》いだり、琢《たた》いたり、磨いたりするように修練を積む」という意味。

□ 傍若無人《ぼうじゃくぶじん》　傍若無人に振る舞った元祖は、どんな人?

まるで人がいないかのように、気ままに振る舞うさま。戦国時代の刺客・荊軻《けいか》は、酒好きで、町中を歌い歩いたり、突然泣き出したり、「傍らに人無きが若し」だったという話に由来する四字熟語。

□ 一衣帯水《いちいたいすい》　この「水」は、何の水?

一筋の帯のような水 (川・海峡) を隔てて、隣接していること。隋の文帝は、陳の王が人々を苦しめていると聞き、「一筋の帯のような川に隔てられているからといって、どうして人民を救わずにいられようか」として、陳を攻めるため、軍船を建造させたという故事に由来する。だから、この「帯のような水」は長江 (揚子江) のこと。

□一挙両得《いっきょりょうとく》　同時に二つ手に入れようとしたものは？

「一挙両得」は、一つのことを行って、二つの成果を得ること。秦の時代、司馬錯は蜀への遠征を主張し、「蜀は討つのはたやすく、しかも蛮国なので諸侯から批判される心配もない」といい、「一挙にして、名実二つを得ることができる」と指摘した。このことばから、「一挙両得」ということばが生まれた。

□孟母三遷《もうぼさんせん》　引っ越し回数は2回のはずだが？

孟子の母は、よりよい教育環境を求めて、引っ越しを繰り返したという。その故事によれば、孟母と孟子が住んだ場所は3か所で、引っ越し回数は2回。それなのに「三遷」というのは、昔は奇数が吉数とされたため、「三」という数字を使ったとみられる。

□角《つの》を矯《た》めて牛《うし》を殺《ころ》す　どんな故事から生まれたことば？

小さな欠点を直そうとして、長所を損なうこと。後漢の時代、桓帝一行の前に、見事な牛が現れたので、桓帝は何公に捕らえるように命じた。何公は生け捕りにし、記念に牛の角をもらおうと、斧を振り下ろした。ところが、誤って牛の頭に当たり、牛を殺してしまったという。牛の角に手を加えたところ、牛そのものを殺すはめになったという故事から、このことばは生まれた。

□囊中《のうちゅう》の錐《きり》

「錐」は何を意味している？

『史記』によると、趙の宰相・平原君は、多数の食客を抱えていたが、その中にとくにとりえのない毛遂という者がいた。あるとき、平原君は毛遂に「賢者は〝囊《のう》（＝ふくろ）の中の錐〟のように針を突き出すものですが、先生は囊の中に隠れたままですね」と皮肉を言った。すると、毛遂は「私を囊に入れてみなさい。針どころか柄まで突き出ますよ」と言い返した。平原君が試しに用いたところ、毛遂はたいへんな能力を発揮した。この故事から、能力を隠した人物を「囊中の錐」というようになった。

□正鵠《せいこく》を失《うしな》わず

「正鵠」ってどんな鳥？

要点をはずさないこと。昔、中国の弓術の的の中心には、「正（みそさざいのこと）」か

「鵠（白鳥のこと）」が描かれていた。つまり、「正鵠」はともに矢の的となった二種類の鳥のことであり、的の中心を意味する。そこから、「正鵠を失わず」で「的を射る」と同じ意味になった。

◉大人ならより深く知っておきたい日本のことわざ①

□ひさしを貸《か》して母屋《おもや》を取《と》られる　この「ひさし」は軒下のことではない一部を貸したばかりに、やがてはすべてを奪われることのたとえ。現在の「ひさし」は雨よけの小屋根のことだが、このことばの「ひさし」は寝殿造りの建物の「廂」で、「母屋」に対して、周辺の部屋を意味した。つまり、このことわざは、小部屋を貸したところ、いつの間にか母屋にまで入り込まれ、わが物顔をされるという意味。

□団栗《どんぐり》の背比《せいくら》べ　なぜ優れた者同士の比較には使えない？

一段と優れた者がおらず、みんな同じような力量だというたとえ。団栗のサイズには大きな違いがなく、いずれも小さいことから、平凡な人物同士の力が似ていることのたとえになった。だから、優れている者同士の力が拮抗していることには使えない。

□棚《たな》からぼた餅《もち》

この棚は、普通の棚ではなく、神棚のこと

ぼた餅は、かつてはぜいたく品であり、彼岸やお盆などに作って神棚に供え、人間はその後でいただくものだった。だから、このことわざは〝神棚〟に供えていたものが落ちてきて、ふだんは食べられないぼた餅を食べられるということで、思いがけない幸運に出会うことのたとえになった。

□蟹《かに》は甲羅《こうら》に似《に》せて穴《あな》を掘《ほ》る

この蟹のモデルは？

蟹は、自らの甲羅の大きさに合わせて穴を掘る。そこから、人はそれぞれのスケールに応じた振る舞いや発想をすることのたとえ。このことばに登場する蟹は、タラバガニのような大きなカニではない。シオマネキのような、砂浜で穴を掘る小さな蟹がモデル。

□**帯《おび》に短《みじか》し襷《たすき》に長《なが》し**　結局、何メートルぐらいのこと？

帯にするには短すぎるし、襷にするには長すぎて、中途半端で役に立たないという意味。帯は通常4メートルほどは必要で、襷は2メートル前後。ということは、中途半端とされたのは、3メートルぐらいの長さの紐ということになる。

□**魚《さかな》は殿様《とのさま》に焼《や》かせよ**　なぜ「殿様」が出てくる？

魚は、中火で時間をかけて焼くと、中まで火が通り、おいしく焼きあがる。一方、何度も裏返すなど、気ぜわしくいじると、身がくずれてしまう。だから、魚を焼くときは、「殿様のように鷹揚に構えて焼きなさい」という意味。

◉大人ならより深く知っておきたい日本のことわざ②

□**芸《げい》は身《み》を助《たす》ける**　この「芸」はどんな芸？

この「芸」は、武芸や学芸などの技術や知識のことではなく、道楽で習い覚えた遊芸のこと。「芸は身を助ける」は、道楽で身代をつぶしても、遊芸を身につけていれば、それが役に立つことがあるという意味。自嘲、あるいは人をけなすときに使うことばであり、ほめことばには使えない。

□物言《ものい》えば唇《くちびる》寒《さむ》し秋《あき》の風《かぜ》

「何もいうな」という意味ではない⁉

もとは、松尾芭蕉の俳句。芭蕉は「人の短をいうことなかれ、おのれが長をとくことなかれ」を座右の銘とし、そのことばに添えられていた句。だから、「何もいうな」という意味ではなく、「人の悪口をいうな」あるいは「よけいなことを口にするな」という意味に理解するのが正しい。

□山高《やまたか》きが故《ゆえ》に貴《たっと》からず

初出は平安時代の〝ハウツー書〟

中国由来のことばではなく、わが国発のことば。平安時代の教訓書『実語教』の「山高きが故に貴からず、樹あるを以て貴しとなす」という一節に由来する。その後は「人肥えたるが故に貴からず、智あるを以て貴しとなす」と続く。

□袈裟《けさ》の下《した》に鎧《よろい》　なぜそんな奇妙なファッションに？

『平家物語』にあるエピソードに由来することば。平清盛は、後白河法皇が平家政権の打倒を図っていることを知り、反撃に出ようと鎧を身につけた。そのとき、穏健派の息子、重盛《しげもり》が現れたので、清盛（出家していた）は、あわてて鎧の上に袈裟をはおったが、重盛には袈裟の下の鎧が見えたという話から。

Step7

語彙力のある人は、「モノの名前」を語源で覚える

◉あの動物の名前、なぜそう書くの？①

□四十雀《しじゅうから》　なぜ四十なのか？

四十雀の「シジュウ」は、鳴き声に由来するとみられる。鳴き声を音写したことばに「四十」という漢字を当てたという説が有力だ。

□駝鳥《だちょう》　「駝」って、どういう意味？

「駝」はラクダを意味する漢字で、「駝鳥」とは「ラクダのような鳥」という意味。「駝」が常用漢字ではないため、「ダチョウ」と書くことが多くなっている。

□**ハクビシン**　漢字では、どう書く？

ジャコウネコの仲間の肉食獣で、漢字では「白鼻心」と書く。顔の真ん中に鼻筋のような白い模様があるところから、この名になった。

□**ショウジョウバエ**　ハエと「猩猩」（猿）の関係は？

漢字では「猩猩蠅」と書く。「猩猩」は、オランウータンをモデルとする想像上の猿で、酒を好むとされる。ショウジョウバエも、酒を残しておくと、好んで集まってくることから、「猩猩のように酒好き」という意味で、この名で呼ばれるようになった。

□**ブッポウソウ**　漢字で書けますか？

渡り鳥の一種で、漢字では「仏法僧」と書く。鳴き声がそう聞こえるから、この名になったといわれるのだが、本当はそんな声では鳴かない鳥。ブッポウソウと鳴くのは、フクロウの仲間のコノハズク。

□**アホウドリ**　「信天翁」と書くのは？

信天翁と書いて、アホウドリと読む。「信天」とは天を信じるという意味で、口を開けていれば、天から餌が降ってくると信じているくらいに、愚かな鳥という意味の当て字。

◉あの動物の名前、なぜそう書くの？②

□**コジュケイ**　このキジ目の小鳥の名を漢字で書くと？

漢字では「小綬鶏」と書く。「綬」は正装したときに位階を表す印をつけるための飾りの紐。「小綬鶏」が繁殖期にのどの肉を広げる様子をその「綬」に見立てたネーミング。

□**コマドリ**　駒（馬）とは、どんな関係？

ツグミの仲間の小鳥。漢字では「駒鳥」と書き、鳴き声が馬（駒）のように聞こえることからのネーミング。また、鳴き声が馬が走るときの轡《くつわ》の音に似ているからという説もある。

□**ゲンゴロウ**　漢字で「源五郎」と書くのは？

水生の昆虫。漢字では「源五郎」と書くが、もとは「玄甲《げんこう》」に由来するという説が有力。中国で、黒い甲を意味する「玄甲」に、姿形が似ていることから。

□**ミジンコ**　「ミジン」は仏教語に由来

ひじょうに小さな甲殻類。漢字では「微塵子」と書き、仏教語で物質の最小単位を意味する「微塵」に由来する名前。

◉考えてみればかなり気になる動物の名前の話①

□**ジュウシマツ**　なぜ、姉妹にたとえられる？

漢字で「十姉妹」と書くのは、十羽くらい一緒に飼っても、仲がよく、争わないことから。「まるで姉妹のように仲がいい」という意味。

□がらがら蛇　たてる音はシャーシャーだが？

「がらがら蛇」は、アメリカ大陸に生息する毒蛇。尾を振って威嚇音を出すが、その音はシャーシャーに近く、少なくともガラガラとは聞こえない。英名はrattle-snakeで、rattleには硬い物がぶつかって音をたてるという意味がある。そこから、この蛇の生態がよく知られていない時代、「ガラガラ」と訳されたとみられる。

□豚　単純な名前の3つの語源説とは？

まずは「太《ふと》」が変化したという説がある。次に、「ブウブウ」という鳴き声に由来するという説。そして、イノシシの肉をボタン肉というが、その「ボタ」が変化したという説がある。いずれの説も決め手がなく、どの説が正しいのかはっきりしない。

□ヒグマ　「ヒ」って何のこと？

漢字では「羆」一字でヒグマと読む。この「羆」という漢字を分解すると、「四＋熊」

となり、シグマと読める。さらに、シとヒを混同しやすいことから、ヒグマになったという説がある。

□フラミンゴ　キャッチーなネーミングの由来とは？

ラテン語で「炎」を意味するflama、あるいは英語のflameからのネーミング。羽の色が燃えるような赤であることから。

□モルモット　名付けのもとになった「誤解」とは？

実験用に使われてきた動物。もとは別の名前だったのだが、ヨーロッパに持ち込まれたとき、ヨーロッパ産の「マーモット」と混同され、この名になった。

□リス　どうして「栗鼠」と書く？

漢字では「栗鼠」と書くが、「栗鼠」の唐音読みの「リッソ」がなまり、リスと発音するようになったとみられる。「栗を好む鼠」という意味。

◉考えてみればかなり気になる動物の名前の話②

□**トナカイ**　間宮林蔵との関係は？

アイヌ語の「トナッカイ」に由来する。間宮林蔵が樺太を探検した後に、伝えたことばとみられている。

□**ウシガエル**　なぜ「ウシ」なのか？

北アメリカ原産の食用蛙。オスの鳴き声が牛に似ていることから、アメリカでは bull frog と呼ばれる。その直訳でウシガエル。

□**シオカラトンボ**　「塩辛」との関係は？

「塩辛蜻蛉」と書く。オスの体に、塩がふいているような柄があることから。なお、メスは、ムギワラトンボ（麦藁蜻蛉）と呼ばれる。

□**ティラノサウルス**　恐竜といえば「サウルス」なのは？

ラテン語で「ティラノ」は支配的、暴君的という意味。「サウルス」はとかげ。つまり「ティラノサウルス」は「暴君のようなトカゲ」という意味で、かつては「暴君竜」と訳されたこともあった。

□**ダックスフント**　「フンド」から「フント」になったのは？

ドイツ語で、ダックス（穴熊）＋フント（犬）という意味で、穴熊猟に使われてきた。なお、ドイツ語では「d」を「ト」と発音するため、近年、新聞社や放送局では、ドイツ語由来のことばの末尾の「d」は、「ト」と表記・発音するのが基本ルール。

□**ショウリョウバッタ**　精霊との関係は？

夏の「精霊祭り」の頃に現れるので、この名になったという説がある。また、「背折れバッタ」がなまったという説もある。

□スズメバチ　雀との関係は？

漢字では「雀蜂」と書く。体の大きさがスズメほどもあるという意味から。ただし、スズメバチは最大でも4センチくらいで、本物のスズメに比べると、はるかに小さい。

◉語源で読み解く海の生き物の名前①

□甘鯛《あまだい》　甘くはないのに、なぜアマダイ？

「甘鯛」は、とりわけ身が甘いわけではないが、塩気が強いことを「辛い」ということに対し、「塩気が薄い」という意味で、「甘」の字が用いられたとみられる。

□イシダイ　なぜ石なのか？

イシダイが根につく魚で、おもに岩場で暮らしていることから。漢字では「石鯛」と書く。なお、イシガレイは、体に石状の突起物が並んでいることから、こう呼ばれる。また、イシモチは、漢字では「石持」あるいは「石首魚」と書く。頭骨の中に、大きな耳石を一対持っていることから、この名になった。

□ゴンドウクジラ　ゴンドウって、権藤さんのこと？

この「ゴンドウ」をめぐっては、諸説ある。「五島列島」に多く生息するため、それがなまったという説。「ゴン」は大きいこと、「ドウ」は頭を意味するという説もあって、「巨頭鯨」と書くこともある。

□ウルメイワシ　漢字ではどう書く？

漢字では「潤目鰯」と書く。目が大きいうえ、目の表面が脂肪膜で覆われているため、うるんでいるように見えることから。

□カタクチイワシ　漢字で書けますか？

イワシの一種の小魚。漢字では「片口鰯」と書く。上顎が突き出ているため、上顎しかないように見えるところから。

□ **ブダイ**　「不鯛」とも「武鯛」とも書くのは？

「ブダイ」は、味があまりよくないことから、否定の意味で「不鯛」と書くようになったという説がある。その一方、歯が大きく、さまざまなものを噛み砕くことから、猛々しいという意味で、「武鯛」と書くようになったという説もある。

□ **イボダイ**　イボがあるようには見えないが？

幼魚の時代、クラゲについて浮遊し、まるでクラゲが母のようであるところから、「異母鯛」と呼ばれるようになったという説がある。

□ **ホオジロザメ**　頬が白いわけではないのに、こう呼ばれるのは？

漢字では「頬白鮫」と書くが、とりたてて、頬の部分が白いわけではない。人などを襲って、頬張って食べることから、「頬＋シロ（いちじるしいという意味）＋鮫」と命名されたとみられる。

◉語源で読み解く海の生き物の名前②

□**アオリイカ**　「アオリ」って何のこと？

「アオリ」は、漢字では「障泥」と書き、泥よけのための馬具の一種。アオリイカの幅広のヒレが「障泥」の形に似ていることから、この名で呼ばれることになった。

□**ホウボウ**　この奇妙な名の由来は？

海の魚。ひれをつかって這い歩くところから、「這う這う」が変化したとみられる。また、浮袋を使ってボーボーと鳴くので、この名になったという説もある。

□**ウツボ**　その名のもとになった「道具」とは？

体の長い獰猛な海魚。矢を入れる筒型の道具を「靫《うつぼ》」という。この魚の体形が、その武具と似ていることからのネーミング。

□**ニシン**　もとは「二身」？　それとも「ヌーシィ」？

カズノコの〝親〟の海水魚。身を二つに裂いて食べることから「二身」という説、あるいはアイヌ語の「ヌーシィ」が変化したという説がある。

□**アイナメ**　「ナメ」の意味は？

海水魚。鮎に似ているところから、「鮎並」から転じたという説がある。また、アユのように滑らかなので「鮎滑」から変化したという説もある。

□**アマゴ**　甘くないのになぜ「甘子」？

この名になったのは、「雨が降りだすと釣れるから」という説がある。また、漢字では「甘子」と書くが、この「甘」はあまいという意味ではなく、うまいことを意味しているという説がある。

□ **セイウチ**　漢字でどう書く？

ロシア語でアシカやトドを意味するsivuchに由来する。漢字では「海象」とも「海馬」とも書く。

□ **ジュゴン**　もともとマレー語？

マレー語の名が英語化して、dugong。それが中国に伝わり、「儒艮」という漢字が当てられた。日本には、その名が伝わったのだが、もっぱら「ジュゴン」とカタカナで表記されている。

◉あの植物の名前、なぜそう書くの？

□ **木犀**《もくせい》　動物の犀との関係は？

「犀」は、呉音ではサイ、漢音ではセイと読む。「木犀」と呼ばれるのは、この樹木の木肌が動物の犀《さい》の皮に似ているため。なお、木犀の仲間のうち、花が黄色のものが「金木犀」。

□ゲンノショウコ　漢字で「現の証拠」と書くのは?

煎じて飲むと、「目に見えるような薬効がある」ということから、「現の証拠」という名になった。別名「覿面草《てきめんそう》」とも呼ばれ、その名は効果覿面であることから。

□夾竹桃《きょうちくとう》　ひとつの植物名に、竹と桃が出てくるのは?

夏に赤い花をつける低木。この樹木は、花が「桃」の花に似ていて、葉の形は「竹」の葉に似ている。そして、「夾」には「まざる」という意味があり、「夾竹桃」とは「竹と桃がまざりあっている」という意味。

□センブリ　漢字では「千振」と書くのは?

健胃薬になる植物。薬用成分を〝千回、湯に振り出し〟ても、まだ苦みが残ることからの命名。

□百日紅《さるすべり》　なぜ「百日」？

こう書くのは、〝紅い〟花が次々と咲いて、花期が〝百日〟もあるという意味。中国で生まれた書き方。

□オモト　「万年青」と書くのは？

ユリ科の多年草で、その名は、茎が太いことから「おおもと」が変化したという説が有力。その名に「万年青」という漢字を当てたのは、葉が常緑であることから。

□センリョウ　漢字で「千両」と書くのは？

冬場、他の植物が枯れていくなか、赤い実をつける。季節には珍しいその色には、「千両の値打ち」があるという意味で、この名に。縁起物として、正月飾りによく使われている。

□**マンリョウ**　似た植物のセンリョウとの関係は？

センリョウと同様、冬場に赤い実をつける植物。漢字で書くと「万両」で、同じように赤い実をつける「センリョウ（千両）にも勝る」という意味で、「万両」と名づけられた。

□**ニワトコ**　漢字で「接骨木」と書くのは？

落葉低木。こう書くのは、節々が〝骨の間接部〟に似ているところから。「ニワトコ」という名は、山に自生していた木が庭木になったことに由来するとみられる。

□**ネムノキ**　「合歓木」と書くのは？

夜になると、葉が左右から閉じ合って、まるで〝眠る〟ように見えることから、この名になり、またこう当て字するようになった。

□**忘れな草**　誰のことを忘れてはいけないのか？

ヨーロッパ原産で、明治期に渡来した植物。英名はforget-me-not（私を忘れるな）で、それを直訳したのが、この名前。漢字では「勿忘草」と書く。英名は、ドナウ川の岸辺で、恋人のために花を摘んでいた者が川に落ち、「私を忘れるな」と叫んで消えていったという伝承に由来する。

◉知的な大人は植物の名前を知っている①

□エニシダ　もとはスペイン語って本当？

マメ科の低木。スペイン名の「イエニスタ」が日本にはいって、エニシダと発音されるようになった。この変化は、日本に「シダ」ということばがあったことの影響とみられる。

□仏《ほとけ》の座《ざ》　仏さまとは、どんな関係？

春の七草のひとつ。葉が放射線状に広がるさまを、仏が座る蓮華座に見立てたところからのネーミング。

□ヘチマ　糸との関係は？

果実の内側が繊維状であるため、「糸瓜《イトウリ》」と呼ばれ、やがて略されて「トウリ」に。その「ト」がイロハではヘとチの間にあるところから、「ヘチの間」↓「ヘチマ」となったという説がある。

□蛇苺《へびいちご》　ヘビとの関係は？

この野イチゴは、人間にとっては、食べてもおいしくなく、食用にならないことから、「きっと蛇の食べるものに違いない」と想像したことからの命名。

□鬼百合《おにゆり》　なぜ鬼なのか？

「鬼」は名詞につくと、「鬼やんま」「鬼あざみ」など、同類の中では大きい種類であることを表す。これも、その例。

◉知的な大人は植物の名前を知っている2

□**虞美人草**《ぐびじんそう》　どういう美人？

虞美人草は、ヒナゲシの別名。「虞美人」は、楚の項羽の愛人の名で、項羽の後を追った虞美人の墓のまわりに、この花が咲いたという故事に由来する。夏目漱石の小説の題名でもある。

□**ラベンダー**　古代ローマとの関係は？

香りの強い多年草。かつて、古代ローマ人が、風呂に入れて香りを楽しんだところから、ラテン語で「洗う」を意味することばに由来するという説が有力。

□**孟宗竹**《もうそうだけ》　由来になった中国の故事とは？

タケノコが食用になる竹の一種。中国の三国時代、孟宗という人物が、母親のため、タケノコ取りに出かけたという故事から、この名がついたと伝えられる。

□ **柊**《ひいらぎ》　もとになった動詞「ひひらく」の意味は？

古語に、ひりひり痛むという意味の「ひひらく」という動詞がある。この植物の葉には鋭い切れ込みがあり、触るとひりひり痛むことから、「ひひらく」が名詞化されて、「ひいらぎ」となったとみられる。

□ **都忘れ**《みやこわすれ》　誰が「都」を「忘れ」ようとした？

キク科の花。鎌倉初期、順徳天皇は承久の乱に敗れて、佐渡に流された。天皇は、この花の美しさを見て、都のことを忘れようとしたという話に由来すると伝えられる。

□ **福寿草**《ふくじゅそう》　やけに縁起のいい名前になったのは？

キンポウゲ科の草。旧暦の正月頃に咲くところから、新年を祝う花として、「福寿」という縁起のいい名がつけられた。

□**スイートピー**　「スイトピー」は間違い⁉

マメ科の植物であり、英名は sweet pea で、pea は豆のこと。だから、スイトピーではなく、スイート・ピーと発音するのが正しい。

□**ライラック**　「リラ」とも言われるのは？

ライラックは、英語の lilac に由来。一方、フランス名はリラ（lilas）で、「リラの花」とも呼ばれるのは、こちらにもとづく。そして、双方とも「青」を意味するペルシャ語に由来することば。

◉あの食べ物の名前、どうしてそう書くの？

□**キクラゲ**　漢字で「木耳」と書くのは？

「キクラゲ」は、中華料理によく使われるキノコで、味が干したクラゲに似ていることから、この名になった。「木耳」と漢字を当てるのは、その形が人間の耳に似ていることから。

□**惣菜**《そうざい》　「惣」って、どういう意味？

「惣」は「総」と同じ意味で、「惣菜」はすべての菜という意味。また、この「菜」は、野菜だけではなく、副食物全般を指し、「おかず」という意味。

□**昆布**《こんぶ》　「昆」ってどういう意味？

「昆布」は海藻類のなかでも、大きく育つ種類であり、「昆」には「大きい」という意味がある。一方、「布」は、この海藻の形状を布にたとえたもの。

□**胡椒**《こしょう》　「椒」ってどういう意味？

「胡」は、中国からみて、北西の地域に住む異民族のこと。「椒」には「はじかみ」という訓読みがあり、ひりひりと刺激性のある植物のこと。組み合わされて、今のコショウを意味するようになった。

□**魚介類**《ぎょかいるい》　「介」ってどういう意味？

この「介」は「甲羅」を意味し、甲羅をもつ海の生物、エビやカニを意味する。「魚貝類」は誤用から生まれたことばだが、今は掲載している辞書もある。ただし、「魚貝類」と書くと、魚と貝類に限定され、エビやカニが抜け落ちてしまう。

◉「食」の語彙が増えれば、もっと美味しい！　もっと楽しい！①

□次郎柿《じろうがき》　「次郎」って誰のこと？

甘柿の一種。幕末の駿河の農民、松本次郎吉が川原で柿の幼木を見つけ、育てたのが、この品種の始まりと伝えられ、「次郎吉」の名から「次郎柿」と呼ばれるようになったとみられる。

□里芋《さといも》　「山芋」と区別するための名前

かつての日本では、芋といえば「山芋」のことだった。それと区別するため、自生する山の芋に対して、〝里の芋〟ということで、身近な栽培種を「里芋」と呼ぶようになった。

□くさや　最後の「や」の意味は？

「くさや」は、ムロアジやトビウオなどを漬け汁につけた干物。最後の「や」は感嘆の終助詞に由来する。焼いたときのあまりの臭いに、「臭や！」と声を発したことに由来するという説が有力。

□ **牡丹鍋《ぼたんなべ》**　猪肉を「牡丹」と呼ぶのは？

画の世界には、「獅子に牡丹」という取り合わせがある。その獅子と音が通じることから、花札の図柄などで、猪と牡丹を組み合わせるようになった。そこから、肉食が禁じられていた時代、隠語として猪肉を「牡丹」と呼ぶようになった。鹿肉を「紅葉《もみじ》」と呼ぶのも、やはり花札の図柄で、鹿と紅葉を取り合わせたことから。

□ **大和煮《やまとに》**　数ある料理のなか、「大和」を名乗っているのは？

「大和煮」は、牛肉の缶詰などに使われる調理法。醤油・砂糖などで甘辛く煮たもののことなので、「日本風の味つけ」といえる。かつての缶詰には、洋風の味付けが多かったところから、それらと差別化するために編み出されたネーミングとみられる。

□**重湯**《おもゆ》　重いわけではないのに、こういうのは？

「重湯」と書くのは当て字。「おもゆ」は、母《おも》に湯がついた語とみられ、つまりは、母手作りの粥のこと。

□**チンゲンサイ**　チンゲンって、どういう意味？

中国野菜の一種で、漢字では「青梗菜」と書く。「梗」は茎を意味し、「梗が青い菜」であるところから、「青梗菜」と命名された。

□**懐石**《かいせき》　もとは、和食コースではなく、ごく軽い料理のこと

「懐石」は本来は、茶の湯で、茶の前に出す簡素な料理のこと。だから、本来は、ごく軽い料理を意味する。「懐石」という名は、禅寺で、温めた石を懐に入れて腹を温め、空腹をしのいだことに由来する。「懐石」は、その懐に入れる温かい石、「温石」《おんじゃく》のこと。

◉「食」の語彙が増えれば、もっと美味しい！　もっと楽しい！②

□うずら豆　なぜ「うずら」なのか？

隠元豆の一種。成鳥のうずらではなく、その卵によく似ていることから。この豆の表面には、うずらの卵と同じように、白地に斑点がある。

□オクラ　英語では何という？

アフリカ原産の野菜。オクラは、英語化したokraから。日本には、江戸末期にはいってきた。

□竜田揚《たつたあ》げ　「竜田川」との関係は？

魚などの揚げ物。紅葉の名所である竜田川に由来する。身の部分が赤く、外側が白く揚がるところを、紅葉と川の流れのコントラストにたとえた風流なネーミング。

□板《いた》わさ　「板」って何のこと？

カマボコにワサビを添えた料理。この「板」は、板付きのカマボコのこと。女房詞では、カマボコのことを「お板」と呼んだ。

□ジューシー　沖縄の炊き込みご飯がなぜ「ジューシー」？

沖縄の炊き込みご飯。「雑炊飯」を意味する「ジューシーメー」が略されたという説や、「すこし水っぽく、ジュースのようであることから」などの説がある。

□ひつまぶし　名古屋の名物はなぜこう呼ばれるように？

「櫃まぶし」と書き、小さなお櫃入りのご飯の上にうなぎをのせた料理。「ご飯にうなぎをまぶした」という意味だが、関西を中心にうなぎを「まむし」と呼ぶことも関係しているとみられる。

□**八寸**《はっすん》　何が「八寸」なのか?

今は、懐石料理の酒肴のこと。料理をのせるのに使う盆の大きさが八寸四方であることから、もとはその器を意味したことば。

□**にゅうめん**　「にゅう」って何のこと?

そうめんを温かい汁で煮た料理。漢字では「煮麺」と書き、「にめん」が変化したことばとみられる。

□**モズク**　名前からわかるモズクの生態とは?

海藻の一種。他種の海藻に付いて生長することから、「藻に付く」という意味で、モズクと呼ばれるようになった。

□**青物**《あおもの》　なぜ緑の野菜が「青」物?

もとは女房詞で、野菜を総称することば。緑色の信号を「青信号」というように、日本語では「青」は緑も意味する。そこから、緑色が目立つ野菜の代名詞になった。

□**エノキダケ**　「エノキ」との関係は?

漢字で書くと「榎茸」。榎などの広葉樹の周辺に生えることから、この名がついた。

□**こうこう**　「漬け物」がどうして香香?

漢字では「香香」と書き、関西ではおもに沢庵漬けを意味する。もとは、「香の物」の「香」の字を重ねた女房詞で、「コウコ」と縮めていうのが一般的。

◉「食」の語彙が増えれば、もっと美味しい! もっと楽しい!③

□**西京《さいきょう》味噌《みそ》**　「西京」ってどこのこと?

甘口の味噌で、いわゆる白味噌のこと。「西京」は京都のことで、その京都で親しまれている味噌なので、「西京味噌」。

□**すあま**　漢字で「素甘」と書くのは？

餅状の菓子。漢字で「素甘」と書くのは当て字。江戸時代、断面が州浜形（文様の一種）の和菓子が京都でつくられるようになり、江戸に伝わってから、すはま→すあまと変化し、素甘と書かれるようになったとみられる。

□**オムライス**　誰が、いつ名付けた？

日本で考案された洋食であり、その名は和製英語。最初につくった店ははっきりしないが、東京・銀座の煉瓦亭、あるいは大阪・心斎橋の北極星が有力とされる。なお、オムレツはフランス料理のひとつ。

□**かりんとう**　広葉樹の「花林」との関係は？

漢字で書くと「花林糖」。「花林」はマメ科の広葉樹で、この木と色が似ていたことから、「かりんとう」と名づけられたという説が有力。

□**テッチャン**　人の愛称のようではあるが？
韓国語で、牛の大腸のこと。テは「大」、チャンは「腸」のこと。一方、「コッチャン」は小腸のこと。

□**ユッケ**　なぜ肉の刺身が「ユッケ」なの？
韓国語では「肉」のことを「ユク」という。それと、刺し身を意味する「フェ」の合成語が「ユッケ」。

□**信太寿司**《しのだずし》　いなり寿司の別名になったのは？
いなり寿司の別名。信太の森（今の大阪府和泉市）に、人を化かす女狐が住んでいたという伝承と、狐が油揚げを好物とするという話が組み合わされて、このことばが生まれた。おもに、関西で使われている呼び名。

□**イチボ**　焼肉用語なのに、韓国語由来ではない⁉

〝焼肉用語〟としては、牛の尻骨やその周辺の肉を意味することば。ただし、韓国語由来ではなく、英語のaitchboneに由来する。タンやハツと同様、英語由来の焼肉用語。

□**センマイ(千枚)**　どうして牛の胃が「千枚」？

焼肉用語で、牛の第三胃のこと。胃内部のひだが重なっていることから、朝鮮語で「チヨニヨブ（千葉）」と呼び、それが日本語化して「千枚」というようになった。

□**モツ**　じつは日本語から生まれたことば？

料理の材料に使う豚や鶏などの内臓のこと。「もつ鍋」などで広く使われるようになった。もとは、「臓物《ぞうもつ》」の後半だけを残したことば。

□**エゴマ**　エゴマの「エ」ってどんな意味？

エゴマの「エ」は「得」という意味で、「ゴマ油を得る」ことに由来する名という説が有力。ただし、今は漢字では「荏胡麻」と書く。

□エスプレッソ　そもそもどんな意味？

イタリア語の「押しつぶした」という意味のことばに由来する名前。コーヒー豆を〝押しつぶして〟粉にし、蒸気を通してつくる製法から。

□カフェオレ　「オレ」と「ラテ」の違いは何？

フランス語で、「カフェ」はコーヒー、「レ」は牛乳で、牛乳入りコーヒーのこと。一方、「カフェラテ」はイタリア語で、こちらはエスプレッソに牛乳を入れたもの。

□ペスカトーレ　その本来の意味は？

イタリア語の「漁師風の」という意味のことば、pescatora に由来する。魚介類を使ったトマトソースのスパゲティのこと。

□ミネストローネ　イタリア語で「ごちゃまぜ」という意味イタリア語の「ごちゃまぜ」という意味のことば、minestrone に由来する。イタリアの代表的なスープ。

□ラビオリ　イタリア語で「残り物」の意味だった！
詰め物をした四角形のパスタ。イタリア語で「残り物」を意味することば、ravioli に由来する。船乗りが、肉の切れ端や野菜くずなどをパスタで包んで食べたことから。

人生の活動源として

いま要求される新しい気運は、最も現実的な生々しい時代に吐息する大衆の活力と活動源である。

文明はすべてを合理化し、自主的精神はますます衰退に瀕し、自由は奪われようとしている今日、プレイブックスに課せられた役割と必要は広く新鮮な願いとなろう。

いわゆる知識人にもとめる書物は数多く窺うまでもない。

本刊行は、在来の観念類型を打破し、謂わば現代生活の機能に即する潤滑油として、逞しい生命を吹込もうとするものである。

われわれの現状は、埃りと騒音に紛れ、雑踏に苛まれ、あくせく追われる仕事に、日々の不安は健全な精神生活を妨げる圧迫感となり、まさに現実はストレス症状を呈している。

プレイブックスは、それらすべてのうっ積を吹きとばし、自由闊達な活動力を培養し、勇気と自信を生みだす最も楽しいシリーズたらんことを、われわれは鋭意貫かんとするものである。

―創始者のことば―　小澤和一

編者紹介

話題の達人倶楽部

カジュアルな話題から高尚なジャンルまで、あらゆる分野の情報を網羅し、常に話題の中心を追いかける柔軟思考型プロ集団。彼らの提供する話題のクオリティの高さは、業界内外で注目のマトである。本書は、他を圧倒する収録語数で人気のベストセラー「大人の語彙力」シリーズ最新刊。今回は日本語の「語源」の世界に深く分け入り、知っておきたい「ことば」のいわれや成り立ちを厳選してお届けした。自分が使う日本語に自信が持てるようになる本。

「語源《ごげん》」を知《し》ればもう迷《まよ》わない！
大人《おとな》の語彙力《ごいりょく》を面白《おもしろ》いように使《つか》いこなす本《ほん》　青春新書 PLAYBOOKS

2018年2月1日　第1刷

編　者　話題《わだい》の達人倶楽部《たつじんくらぶ》

発行者　小 澤 源 太 郎

責任編集　株式会社プライム涌光

電話　編集部　03(3203)2850

発行所　東京都新宿区若松町12番1号　〒162-0056　株式会社青春出版社

電話　営業部　03(3207)1916　振替番号　00190-7-98602

印刷・図書印刷　製本・フォーネット社

ISBN978-4-413-21104-8